한국광복군 제2지대사

태행산적후공작과 항일 투쟁사

한국광복군 제2지대사

태행산적후공작과 항일 투쟁사

초판 1쇄 발행 2022년 9월 17일

편 자   海舟 이재현, (사)한국광복군기념사업회
펴낸이   윤관백
펴낸곳   ✄선인
등 록   제5-77호(1998.11.4)
주 소   서울특별시 양천구 남부순환로48길 1 1층
전 화   02)718-6252/6257
팩 스   02)718-6253
E-mail   sunin72@chol.com

정가 29,000원
ISBN 979-11-6068-745-3 93910

대한민국 국군의 뿌리

한국광복군 K.I.A

(사)한국광복군기념사업회

▶ 한국광복군 2지대 장안회(서안)기

광복군 제 2 지대가

이해평 작사
한유한 작곡

총 어깨메 고 피 가슴에뛴 다
우 리 는 큰 뜻 품 은 한국의
혁 명 청 년 들 — 민 족 의 자 — 유 를
쟁 취 하 려 고 원 수 왜 놈 때 려 부 쉬 려
희 생 적 결 — 심 을 굳 게 먹 은 한 국
광 복 군 제 이 지 대 앞 으 로 끝 까 지 전
진 앞 으 로 끝 까 지 전 진 조 국 독 립 을 위
하 여 우 리 민 족 의 해 방 을 위 해 —

◎ 광복군 제 2 지대는 이범석 장군 지휘하에 본부를 섬서성 서안(옛 장안)에 두고 중·영·미
연합군과의 합동 작전과 지하 공작을 전개하면서 본토 상륙 작전을 위한 OSS 특수 훈련을
실시한 정예 부대임.

여명의 노래

이해평 詩
한형석 (한유한) 曲

처 량 한 땅 기 나 긴—— 밤 도 처 에
는 어 둠 이—— 다 우 울 에 잠 겨
슬 퍼 말 자 ——————
어 둠 지 나 면 새 벽 이 니
어 둠 은 물 러 갈 것 이 다
어 두 운 밤 이 미 지—— 나 먼 동 트 기 시 작
한—— 다 세 우 자 우 리 새 로 운 한——
—— 국 철 굽 에 밟 힌 우 리 땅 에
햇 빛 비 치 니 동 포 들 아 노 력 해

▶ 이재현 지사와 부인 김숙(김애련) 여사

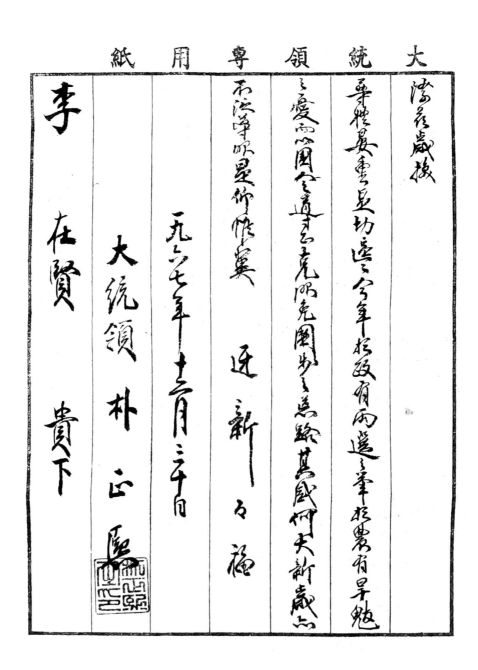

▶ 고 박정희 대통령의 친필 연하장

▶ 2014.7.8 서안(장안) 광복군 2지대 훈련장 공원 개장시(좌: 서안한국총영
사관 직원, 우: 이형진과 부인 유명희)

재현이가 형님께 가기 전날 (평안환 으로 인천에) 기념으로 찍음   1925. 3. 28

▶ 김구 주석께서 진해 해양경비대 순시시 수행원 및 장병들과 함께 기념 촬영을 하셨다(1946.9)[중간 열 우측에서 6번째가 백범을 수행 중인 해평 이재현 지사(가운데 한복: 김구 주석)]

▶ 1963.3.1 대한민국 건국공로훈장 수여식 후 수훈자일동(코리아하우스, 중앙의 선그라스 착용한 고 박정희 대통령)

▶ 제70주년 광복절 기념식 후 이재현 지사 가족(안양시청)

韓国光復軍第
支队驻扎地旧

▶ 2014.7.8 서안(장안) 광복군 제2지대 훈련장 공원

▶ 이재현 지사의 결혼 축하 백범 김구의 친필 휘호

우봉과 해평을 그리며

▶ 한국광복군 제2지대 간부들과 미국전략첩보국(OSS)대원들(1945.9.30, 맨
뒷줄 가운데가 이재현지사).
한국광복군은 미국전략첩보국과 연합해 국내 침투를 위한 '독수리작전
(Eagle Project)'을 계획하였다.

獨立志士 故 李在賢(海平)志士
大韓民國 建國 功勞 勳章 獨立章

출   생: 경기도 시흥군 동면(안양시 석수동. 시흥군 일대)

본   적: 서울시 종로구 당주동 151 번지

생년월일: 1917년 2월 2일

1919	독립지사 부친 이용환을 따라 중국 상해로 망명
1929	중국 상해 한인 인성 소학교 졸업
1931	상해에서 형 이재천과 국권 회복 목적의 화랑사 조직 (1932년 상해 소년동맹으로 개편)
1934	대한민국 임시정부 특별 훈련반 입대(남경)
1935	백범 김구 선생의 특명으로 김인, 한도명과 함께 광주시 중산대학에 파견 대학내의 한국인 포섭 유인 공작 임무. 안우생(ELPIN)의 지도로 ESPERANTO 사사
1937	중산대학 "ESPERANTISTA Klubo"에 참가 중국 광동성 광주시 중산대학(中山大學) 2년 수료 상해 지하공작 지원(김인, 한동수, 이하유 등)차 홍콩에 파견 활동
1938.10	중국 유주에서 한국광복진선청년공작대 조직

1939	중경에서 한국청년전지공작대 조직(공작대장)(라월한, 이하유, 박기성, 김동수, 이재현(해평)
1940	중화민국 전시 간부훈련 제4단 한청반 수료. 한국청년전지공작대 제1분대장에 임명. 태행산 유격지구 참전(일본군 36사단과 유격전)
1941.1.1.	한국청년전지공작대가 한국광복군 제5지대로 편입(공작대장)
1942-1945	한국광복군 제2지대로 통합(공작대장) / 국내정진군 한, 미합동 OSS 무선 교관
1945.8	국내 낙하산 부대 제2조장 (지리산 담당)
1945.10	한국 광복군 국내 정진군 북경 판사처 사령관 (교포 민정 수습. 국내 송환, 일본군 내 한국 국적 장사병 인수: 전 대통령 박정희 인수)
1946.6	귀국
1946-1948	Field Mission 주한 미군정청 외무처 근무(3등 영사)
1947	수산대학(장충공원 부근) 및 서울사대에서 3회에 걸처 에스페란토 강습회 지도
1948-1949	민족 청년단 서무 과장
1949-1951	미 군정청 3등 영사
1949	부산에서 SP기관지 "Nove Bakito" 발행 공보처 승인
1950	부산에서 "BUSAN Esperanto-Klubo(BEK)"를 조직, 강습회 지도,기관지 "La Fonto"를 발행
1950.5.24.	(6.25 직전) 마지막 ES 강습회
1951	한, 미 합동 고문단 JACK 부대 서해지구 대장[대 이북

	유격전 및 첩보전]
1951.5	부산에서 에스 기관지 "La Ariran" 발행
1951	ES-한글 사전 편집 착수(Esperanto-Korea Vortaro)
	"Esperanto Lernolibro: 에스 학습지. 인쇄물 발행
1963.3.1	제44회 3.1절
	대한민국 건국공로훈장 독립장 수훈
1965.4.19.	사전 초고 완성
1966-1970	Supply Spercialist, Pacific Architects & Engrs
	Ins
1967	"에스-한" 인쇄 착수, 감수자 김교영
1969.7.20.	"에스-한" 사전 발행
1969	베트남 사이공에서 "Saigon Esperanto Esperanto
	Klubo" 방문 지도
1971-1975	Supply Specialist
1975	NewZealand의 Wellington Esperantista Rando"의
	월례회 참가
1977.10	TRA LA KAMPARO(광야를 거처서)산문집 발행
1983.2	국어-에스페란토 사전 발행
1985.12	세계 에스페란토 협회 27번째 명예 위원으로 선출
1991-1995	제7대 한국광복군동지회장. 애국지사 사업기금 운영위원
	광복회 대의원. 광복군 제2지대 장안회 회장,
	백범 김구기념사업회 지도 위원등 역임.
1996.11.29.	노환으로 한국 보훈병원에 1차 입원 하시다.
1997.1	안양 중앙병원에 2차 입원하시다.

1997.2.24	09:00 분경 [안양시 만안구 석수2동 럭키 APT 7-401] 쇠약해지시어 천운이 다하시기 약 보름전 자신이 가족에게 부담이 된다고 생각하시자 곡기를 끊고 스스로 세상을 등지고자 하셨던 그 냉정함의 가르치심과 독립된 태평성대의 대한민국에 살고 계심을 항시 자랑하시며 사랑하시던 모든 것들을 뒤로하신 채 천운을 다하시고 평소의 본인의 말씀대로 "투사는 지분을 요구하지 않는다. 망국의 군인으로서 의무와 책임을 다했을 뿐이다"라는 오직 자신만의 외길을 삶을 사시다가 편안히 고향에서 영면 하시다.(81세)
1997.2.24~2.26	삼성 의료원 영안실에 계시다.
1997.2.26.	14:00 서울 동작동 국립묘지 애국지사 묘역(205호)에 가족과 동지,후배들의 애도속에 목숨으로 되찾은 조국 대한민국의 태극기에 안기우시여 후배 3군 의전병들의 애도의 조종 소리와 진혼 나팔 소리와 함께 오직 민족의 자주 독립만을 위하여 일생을 바치신 참다운 군인으로써 먼저 가신 옛 동지들의 곁으로 돌아 가시다.

| 한국광복군 제2지대사 발간사 |

처량한 땅 기나긴 밤
도처에는 어둠이다.
우울에 잠겨 슬퍼하지 말자
어둠 지나면 새벽이니
어둠은 물러 갈 것이다
어두운 밤 이미 지나
먼동이 트기 시작한다.
세우자 우리 새로운 한국
철굽에 밟힌 우리 땅에
햇빛 비치니
동포들아 노력해

1939년경 20대의 한국청년전지공작대 청년들이 이억 만리 중국 서안의 황량한 벌판에서 황톳물에 토혈하면서도 조국 독립의 일념으로 서로를 격려하며 부르던 해평 이재현 지사 작사, 한유한 지사 작곡 "여명의 노래" 가사입니다.

20대 청년들의 아득한 '청년 독립투쟁 아리랑'과도 같은 연민의 노래입니다.

1939년 11월 17일

백범 김구 주석의 환송을 받은 대한민국 최초의 임시정부와 관계없이 아나키스트 나월한. 김동수. 박기성. 이재현. 이하유가 주축이 되어 자발적으로 조직한 한국청년전지공작대의 16명이 천신만고 끝에 수천리 서안에 도착하였습니다

한국청년전지공작대는 아나키스트인 중국 34집단군 호종남 사령관의 적극적 인 도움으로 일본군 36사단 내의 한국 국적의 장사병을 회유 설득하여 전지공작대원으로 입대시켜 독립투쟁을 위한 적후 초모 공작을 시작하였습니다.

김천성 대원과 이재현 공작대장은 일본 헌병들의 검문을 통과하기 위해서 수개월씩 닦고 씻고 빨아 입지 않아 몸에 이가 끓고 몸에서 썩은 냄새가 진동하고 매일을 삽질과 호미질로 손바닥에는 굳은살로 곪아 피고름이 나게하여 중국 농부로 위장 일본군들의 검문을 통과하는 적후 초모 공작 1년여 만에 전지공작대는 1백여명의 막강한 군대로 성장하며 수 많은 20대의 청년들이 적후 초모 공작과 유격전에서 일본군의 총칼에 산화 하였습니다.

1940년 9월 17일

임시정부에서 광복군이 창군 되자 전지공작대는 김원봉의 사회주의 동참 유혹을 단호히 뿌리치고 3개월 후 김구 주석 휘하의 한국광복군 5지대로 편입되어 한국광복군이 비로서 군대로서의 위용을 갖추게 되었습니다.

임시정부는 이를 근간으로 1941.12.10. 김구 주석께서 대일선전포고를 함으로서 숙원이던 연합군의 일원이 되었던 것입니다.

1942년 4월

광복군 1, 2, 5지대가 통합되어 철기 이범석 장군의 명실상부한 한국광복군의 정통인 제 2지대가 탄생하여 조국광복을 위한 한국광복군의 독립투쟁이 시작되었던 것입니다.

어느덧 1945.8.15. 해방 이후 77년의 시간이 지났습니다.

579분의 한국광복군 노병들께서는 오늘 현재 2분만이 생존하시고 모두 조국 대한민국의 산하에 동지들과 함께 영면하고 계십니다.

한국광복군의 조국 대한민국은 한국광복군들의 역사를 잊고 있습니다.

몇몇의 정치인 독립운동가들만이 국민의 기억 속에 존재할 뿐입니다.

우리와 함께 항일전쟁을 한 중국 땅에는 타국인 대한민국 임시정부의 국군이였던 한국광복군을 기념. 추모. 선양하는 기념관을 2곳씩이나 건립하여 세계에 한국과 중국의 항일전쟁의 영웅들을 기리고 있는 현실에 한국광복군의 후손으로서 부끄러워 얼굴을 들지 못하겠습니다.

이것이 세계 경제 10위 권이라는 대한민국의 역사 의식입니다.

정치인들은 독립운동을 하면 3대가 망한다라고 말합니다.

그리고는 독립운동가 후손들의 생계 문제에서는 국민들과의 형평성을 외치며 3대가 아닌 멸문하는 독립운동가 후손을 외면하고 있습니다.

이 광복군 2지대사도 27년전 작고 하신 해평 이재현 지사의 유품에서 발견되어 27년이 지난 오늘에서야 세상에 한국광복군의 산 역사를 들려드리게 된 것입니다.

이 책을 한국광복군의 산 역사의 기록을 남겨주신 해평 이재현 지사님과

1,000여 한국광복군 노병들의 영전에 바칩니다.

"투사는 지분을 요구하지 않는다. 망국의 군인으로서 책임과 의무를 다했을 뿐이다"

[해평 이재현 지사 말씀 중에서]

2022.9.17.
(사)한국광복군기념사업회(한국광복군동지회) 회장 이형진

‖ 목차 ‖

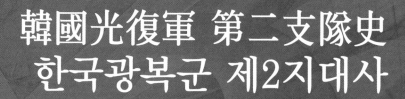

韓國光復軍 第二支隊史
한국광복군 제2지대사

《한국광복군 제2지대사》는 이재현지사의 유고(遺稿)입니다.
〈사진으로 본 광복군Ⅱ의 역사〉는 그대로 수록하였음.

沿域

韓國光復軍 第二支隊는 韓國靑年戰地工作隊 (以後 戰工隊) (1939.11.11)로 시작하여 1940.9.17. 韓國光復軍이 創設됨으로 第五支隊로 編入되었고, 종래의 제1·제2·제5지대등 3개 지대를 통합하여 1942년 4월 1일부로 제2지대로 개편하였다. (독립운동사 제6권 280 참조)

1. 전지 공작대(戰地工作隊)의 조직 및 업무

1939년 11월 11일에는 중경(重慶)에서 한국 청년 전지 공작대가 결성을 보게 되었다. 그 동안 임시 정부는, 여기 저기로 유리 전전하는 중 모든 것이 계획뿐 실제적인 항일 전투활동이 지연되기만 하니, 혈기 왕성한 청년들이 자발적으로 공작대를 조직하여 하루라도 빨리 전지에 나가 對日 抗戰에 참가하기 위해서였다. 이에 앞서서도 이미 광복 진선(光復 陳線) 청년 공작대 또는 전시 복무단(戰時服務團) 등의 일선 장병 위문 및 선무(宣撫) 공작 등을 겸한 전선 후방에서의 활동이 있었지만, 중경에서 조직된 청년 공작대의 활동은 처음부터 내외국인들의 관심을 끌었다. 30여 명으로 출발한 청년 전지 공작대 중에는, 중국의 중앙 군관 학교를 졸어한 군관이 12명이나 있으며, 그 밖의 대원들도 대개 학식이 있고 중국의 군사기관에서 복무 또는 일본·상해(上海)·만주 등지에서 유학, 독립운동에 종사하던 청년 지사들이었는데, 그 주요 간부진을 보면 아래와 같다.

대장(隊長)　　나월환(羅月煥)
부대장　　　　김동수(金東洙)

군사 조장   박기성(朴基成, 일명 구양군〈歐陽軍〉)
정훈 조장   이하유(李何有)
공작 조장   한유한(韓悠韓, 일명 한형석〈韓亨錫〉)
선전 조장   이해평(李海平, 일명 이재현〈李在賢〉)[1]

이렇게 출발한 한국 청년 전지 공작대의 의의와 임무에 대하여 전지 공
작대에서 펴낸 ≪한국 청년≫ 발간사 (發刊辭) 중에서는 이렇게 말하였다.

① 중·한 양대 민족의 공동의 적은 일본 제국주의이다. 일본 제국주의가
타 도 되지 않는 한 한·중 양대 민족 해방이 가망 없을 뿐만 아니라, 동아
내지는 세계의 진정한 평화도 기약할 수 없는 일이다. 중국 항일 전쟁의 승
리는 이것이 곧 한국독립, 한국 민족 해방 승리의 개시인 것이다. 이러므
로, 우리들은 중국 항전 (抗戰)의 최후 승리를 기구(祈求)할 뿐만 아니라,
우리들은 다시 나아가서 우리들의 역량을 다하여 중국 항전의 승리를 촉성
(促成)하여야 한다. 중국 항일 전쟁과 한국의 독립, 한국 민족의 해방 운동
이 일본 제국주의의 타도에 있음은 그 의의에 있어서나, 행동에 있어서 이
것을 분리(分離) 할 수 없는 것이다. 또 분리하여서도 안 될 일이다.

② .... 우리들의 역량을 배양 충실하고 공헌(貢獻)하기 위하여, 우리
들의 최후 승리를 보장하기 위하여 우리들은 공작을 실천하는 중에 학습한
다. 우리 들의 선열(先烈)을 배워 알고, 혁명의 이론과 기술을 학습한다. 우
리들은 우리들의 공작 실천 중에서 일체의 약점과 곤란을 극복하여야 한
다. 그리고, 우리들은 적에게 구사(驅使)되고 노예가 되는 동포를 건져내기
위하여 노력하여야 한다. 우리들은, 항일의 한국 청년 동지들을 우리들의

1) 1939년 10월 18일자 중경(重慶)《대공보(大公報)》및 당시 대원 박기성(朴起
   星)증언 참고.

진영으로 또는 중.한 양대 민족 연합 항일, 진영으로 집합하여야 한다
…………

〈원문은 중국문〉

즉, 중국과 한국은 같은 일본 제국주의를 타도하지 않으면 안 될 운명에 있으며, 중국의 항일전 승리는 곧 한국의 해방을 의미하는 것이니 만큼, 한국 청년들은 중국의 항일전을 한국의 해방전쟁으로 알고 참가하여야 하며, 그러기 위해서는 공작 실천상에 있어서의 온갖 고난을 극복하고 항일 한국 청년을 중·한 양대 민족의 공동 항일 진영으로 집결하여야 한다는 것이다. 그리고, 공작대 대장 나 월환은 '우리들의 임무'라는 글에서 자유 생존권을 상실하고 불구덩이 속에서 허덕이는 3천 만 동포를 구출(救出)하고, 중국에 흩어져 있는 한국인의 혁명 역량을 총집결하여 중국의 항일전에 협조하고 한편으로 한국의 무장 군대를 創設하여 조국의 해방과 독립을 쟁취하는 기초를 확립하기 위하여는 아래와 같은 5개 사항의 간난(艱難)하고도 중대한 임무를 수행하여야 한다고 강조하였다.

① 우리들은 세계의 평화와 정의를 유지 수호하는 입장에서 침략을 반대하고 일제에 항거하는 굳건한 의지를 가지고, 우리들의 공작 실천으로 현재 중국 경내에 있는 한국 혁명 역량을 집합하여 중국의 항전을 협조한다.
② 적과 위군(僞軍) 사병에 대하여, 적 군벌(軍閥)의 진상 및 침략적 죄악을 성토해서, 적과 그 앞잡이 군사들의 염전(厭戰), 반전 등 사상과 행동을 일으키고, 정치적 수단으로 적군, 위군(僞軍)을 와해(瓦解)시킨다.

③ 적국의 말과 글을 익숙하게 사용하여 적정(敵情)을 정탐하고, 적정을 폭로해서 우군의 전투 실력을 증진하고, 적인의 음모를 분쇄(粉碎)한다.

④ 깊이 적 후방에 들어가서 한국 동포들을 구출하여 한국 무장 군대를 조직, 전선 혹은 적 배후에서 적과 전투를 개시하며, 그 전투 중에서 한국 혁명 군의 기초를 건립(建立)한다.

⑤ 국내 동포와 적국 민중에게 혁명 사상을 고취하고, 문화적 역량으로 광범 위의 혁명운동을 발동하여 한국의 부흥을 촉진한다.[2]

이러한 사명감을 가지고, 일선에 진출하기 위하여 결성된 전지 공작대는 현지로 출발하기에 앞서, 10월 19.20일 중경(重慶) 대량자(大樑子) 청년 회관에서 일전 장병들의 겨울 옷을 준비해 보내기 위한 공연을 가졌다. 4천 여 원(元)의 대금을 모아 솜옷을 제조하여 보내기 위하여서였는데, 이들은 중경에서의 고별(告別)도 겸한 이 공연에서 '국경의 밤'·'삼강호(三江好)'·'중봉(重逢)' 등의 연극을 공연하는데, 그 중 '국경의 밤'은 압록(鴨綠)강변 한·중 국경상에서 엄동 설한 폭풍이 노후(怒吼)하고 백설이 흩날리는 밤, 적 일본군의 수비가 삼엄한 철조망 방어 진지를 한·중 양국 의용군이 전복후계(前卜後繼)하여 뚫고 들어가서 적을 섬멸하고 최후의 승리를 거두는 긴장 일관의 장면을 보여주는 전투극이었다.[3]

한편, 전지공작대는 그 해 겨울에 서안(西安)으로 이주(移駐)함과 함께 곧 이해평(李海平)·김동수(金東洙)·김천성(金天成). 일명 최중천〈崔中天〉

---

2) 서안(西安) 한국청년전지공작대 펴낸《한국 청년》제1권 제1기.

3) 동상《대공보(大公報)》및 1940년 5월 21일자 서안(西安)《서북 문화일보》참조.

등 대원 8명을 일선 지구인 산서성(山西省) 등지로 파견하여 중국 호종남(胡宗南) 직속의 제34집단군 태행산유격대(사령관 황우주-黃宇宙)와 합류, 정보수집, 적정 탐색, 초모(招募) 공작 등의 활동을 전개하였다. 그 중에도, 산서성 장치현(長治縣) 능천(陵川)을 본거지로 하는 우리 공작대들은 장치현의 노안성(潞安城) 및 하남성의 초작(樵炸) 등지로 진출 잡입한 김천성은 제1차로 문응국(文應國)·이병곤(李炳坤. 일명 뇌명〈雷明〉)·박춘섭(朴春燮)·정일명(鄭一明)·김형철(金亨徹) 등을 포섭하고, 다시 그들과 함께 일군 제36사단 사령부 통역으로 있던 이도순(李道淳)·고여순(高如順) 기타 인원 50여 명을 포섭하여, 혹은 함께 현지에서 공작 업무에 종사하고, 혹은 본대 소재지인 서안으로 후송, 중국 전시 간부훈련 제4단에 한청반(韓靑班)을 두어 훈련을 받게 하였다.

또 김용주(金容珠)·박영진(朴永晉) 등은 하남성 초작으로 들어가 최봉진(崔俸鎭) 송철(宋哲) 등 10여 명을 포섭하고, 김천성 등은 다시 석가장(石家莊)을 거쳐 북평(北平)·천진(天津) 방면으로 나가, 조직과 활동을 확대하니 여기서 서안에서 동관(潼關)을 경유항 낙양(洛陽). 장치·초작·운성(運城)·임분(臨汾)·태원(太原)·석가상·북평 등지를 연결하는 한국 청년 전지 공작대의 일선 공작은 산서·하남·화북 3성(省)의 광범위한 지역으로 파고 들어가서 적측에 큰 위협을 주게 되었던 것이다.[4]

노안성에 잠입하여 모찌(찹쌀떡) 가게를 차려 아지트를 삼은 김천성 동지의 맹활약으로 중앙군 제27군 군장 범한걸(范漢傑) 장군의 두터운 신임을 받았고 그의 적극적인 지원을 받았다.

노안(潞安) 일군 제36사단 (舞部隊-부대장 井關소장) 일동 통역관 李道

---

[4] 청년 전지 공작대원 문응국(文應國) 이병곤(李炳坤) 1974년 당시 증언 참고.

淳, 대대통역관 高如順등의 포섭 및 탈출로 중앙군 제27군 정예 일개 대대와 태행산유격대 일개대대 약 1,000명을 선두로 27군 3개 사단을 後衛로 1940년 9월 경 노안성 점거 井關司令官 생포작전을 감행하였으니 성내에서는 김천성동지를 선두로 30여 한국청년들의 내용이 있었으나 일군 36사단이 석가장(石家莊) 북방 8路軍 소탕작전 출전으로 井關司令官 생포계획은 수포로 돌악고 남쪽의 晉城, 高平 만을 이틀간 점령하여 日軍제36사단에 큰 타격을 주었다.

1941년 초에 제5지대 제1소대는 제1차 태행산초모공작 및 유격전을 마치고 서안본부로 귀대하였다.

청년 전지 공작대는 군·민 위안 및 일선 장병 위문품 모집을 겸한 공연은 그 후 서안(西安) 방면에 있어서도 수시로 있었는데, 그 중에도 이듬해 즉 1940년 5월 20일부터 10일 간 성안 남원문(南院門) 가설 극장에서 거행된 공연은 특히 중국 군·관 민들에게 큰 환영을 받고 감명을 주었다. 이 때 공연대회의 주요 임원을 보면,

대회 주임	나월환(羅月煥)
총무 주임	주향영(周向榮)
교제 주임	반운생(潘雲生)
극무(劇務) 주임	한유한(韓悠韓)
총초대(總招待)	구양군(毆陽軍)
규찰장(糾察長)	현이평(玄以平)

이었으며, 상연 극본은 '국경의 밤' 과 '한국의 한 용사' '아리랑(阿哩朗)' 이었다. 이중 '한국의 한 용사'와 '아리랑'은 모두 한 유한의 편극(編劇)이었

는데, '한국의 한 용사'는 전지 공작 대원 중의 한 사람인 박동운(朴東雲)이 일찍이 적 일본군 헌병대 통역으로 있는 동안 계교를 내어 많은 중국 유격 대 포로들을 놓아주고 나중에는 유격대 대장을 놓아줌과 함께 적측의 많은 기밀문서와 무기 등을 가지고 탈출하여 나온 사실을 극화(劇化)한 것인데, 본인인 박동운이 직접 헌병대 통역원으로 나오고 대장 나월환이 일본 헌병 대장으로 분장(扮裝) 출연하여 열연(熱演)을 펴서 실지를 방불하게 하였으며, 우리 민요 '아리랑'의 애원조(哀怨調)를 그대로 살린 가극(歌劇) '아리랑'은 40년 전, 금수 강산 한국의 어느 평화한 마을에 태어난 목동(牧童)과 촌녀(村女)가 아리랑 산하에서 순진 난만한 애정의 노래로 즐기는 데에서부터 출발하여, 그들의 부부생활을 하는 동안에 조국 강산이 왜적에게 유린되는 참상을 이루고, 그 아리랑 산에 적국의 일장기(日章旗)가 꽂혀짐을 보고, 이들 부부는 일사 보국(一死報國)을 맹세하면서 고국 강산을 떠나 만주로 건너 가서 독립군에 가담 화롱하는 중 수십 년 전의 고향으로 들어가서 아리랑 산위에 적의 일장기 대신 태극기를 꽂기위하여 부부 모두 적이 포화(砲火) 중에서 혈전 감투(血戰敢鬪)하는 장면을 연출한 것인데, 여기에는 촌녀역의 심승연(沈承衍)과 함께 예술 조장 한 유한이 목동으로 출연하여 열연을 보이기도 했다.

따라서, 이러한 공연은 중국군의 사기를 돋우어 주고·한 중 양국 민중들의 친근감을 가져오게 하였을 뿐만 아니라, 그 연연은 당시 서안의 ≪서경(西京)일보≫·≪공상(工商)일보≫ 등을 통한 큰 호평을 받기도 하였다. 또 이 공연을 통한 수입금 중 4천여 원으로 중국군들의 여름 옷을 지어 제공하여 일선 장병들을 감격하게 하였다.[5]

---

5) 서안 한국 청년 전지 공작대 펴낸 ≪한국 청년≫ 제1권 제1기(期) 중, 아리랑 공연에 대하여, '성장 중에 있는 어린 싹들' 참조.

그리고, 중국의 항전을 협조할 뿐만 아니라, 전쟁 지구에 있어서 널리 군 중속으로 들어가서 많은 지지자들을 얻어 우리의 진영을 확충하고 중국의 항전전력을 충실히 증강하여 일본 제국주의를 타도함으로써 중국의 승리를 가져오고 우리의 독립을 쟁취함을 궁극(窮極)의 목표로 하는 한국 청년 전지 공작대는, 설립 후 1개월이 지난 1939년 12월 경에는 중경을 떠나 섬서성 서안(陝西省西安)으로 옮겼다. 거기를 중심으로 하여 섬서·산서(山西)·하남(下南)·하북성(河北省) 등 전투 지구 일대에 걸친 전후방 공작을 펴기 위해서 대원들을 나누어 파견하여, 혹은 중국군의 항일 전투에 직접 가담하기도 하고, 혹은 유창한 일본어를 사용하여 일본군 포로들을 설복하고 또는 우리말, 우리글의 방송과 삐라 등을 통하여 전쟁 지구에 있는 동포들도 함께 항일 독립 대열에 들어오게 하였다. 이로서 한국청년 전지 공작대의 활동은 전후방에 큰 영향력을 주었다. 그리고 청년 전지 공작대의 서안 이주 후 각 파견대가 적후방 깊숙이 들어가서 공작하여 데리고 온 청년 지사들이 1백여 명이 넘었는데 본대에서는 이들을 학습시키고 훈련하여, 조국 독립 전쟁에 앞장설 정예 장병으로 육성하였다. 그런데 그동안 중경(重慶)에서는 임시정부 주관하에 광복군 총사령부가 성립되었으며 뒤이어 광복군 사령부가 서안(西安)으로 진주(進駐)함과 함께 1941년 1월 1일을 기하여 이 청년 전지 공작대는 그대로 공복군의 제5지대로 편성되었다.

1. 제5지대

지대장이며 정모 제5분처 주임위원인 나 월환(羅月煥)은 중국 황포(黃浦) 군관학교 제8기 졸업생으로 중국군 헌병대에서 헌병 장교로 복무하다가 1937년에 왜적에게 체포되어 본국으로 압송되어 갈 때 대담하게도 청도(靑

島)에서 탈출하여 본대로 돌아왔다는 무용담을 지닌 용장으로서 몸매는 작으나마, 의지가 강한 전형적인 군인이었다.

제5지대의 전신은 한국 청년 전지 공작대였는데, 1938년 12월에 나 월환 대장 인솔 하에 중경에서 서안에 도착한 청년 전지 공작대는 30여만 대군을 지휘 통솔하는 제1전구 사령장관 호종남(胡種南)과 교섭 끝에 양해를 받고 그 휘하 중국군과의 유대를 긴밀히 하여 한·중 양국간의 군사 합작추진에 힘을 기울이며 새로운 기지를 개척하려는 기초 작업을 굳혀 갔다.

서안은 섬서성(陝西省)의 성도(省都)이지만 비교적 일선이 가까운 군사 중심지이다. 이곳은 적 점령 지구에 대한 초모·선전·첩보·훈련·공작 등을 전개하기에는 가장 적합한 지역이다. 이 해 9월 임시 정부에서 조성환(曺成煥)을 단장으로 하는 군사 특파단(軍事特派團)을 이곳으로 파견한 이유도 이러한 지리적 가치를 높이 평가했기 때문이었다.

나월환(羅月煥) 대장은 이곳을 기지로 정하고 제1차적인 초모·선전공작을 펴기 위하여 왜군 점령 지구에서 전지 공작대에 입대한 김천성(金天成)을 앞장세워 김동수(金東洙)·이해평(李海平〈이재현李在賢〉)등 수명을 중앙군 유격대의 협조아래 산서성(山西省) 노안(潞安) 방면으로 파견하여 결사적인 공작을 추진하게 하였다. 그 결과 반년 미만에 이도순(李道淳)·장철(張鐵)·문응국(文應國)·나동규(羅東奎)·최봉진(崔俸鎭)·김상준(金尙俊)·송철(宋哲)·김성호(金成浩)·김형철(金亨鐵) 등 60여 명의 애국청년들을 서안으로 인솔하여 오는 데 개가를 올렸다.

전지 공작대가 이렇게 초모 공작에 성공한 이면에는 노안 교민회장 박춘섭(朴春燮)의 공로가 컸는데 그는 당시 그곳에 있는 일본 헌병 대장과 일본에서 대학 동기 동창이었기 때문에 그의 지원과 협조를 얻을 수 있었던 것이다.

초모 공작은 일종의 작전으로 작전 중에서도 가장 어려운 작전에 속하였다. 김천성(金天成) 등 일행이 금싸라기보다 더 귀한 애국 청년을 60여 명이나 초모하여 왔다는 것은 당시의 정세에 비추어 놀라운 기적이 아닐 수 없으며, 그 공은 광복군사(光復軍史)를 길이 빛낼 것이다.

중경에 남기고 온 대원을 제외하고도 서안에 집결된 한국 전지 공작대 대원은 이로서 1백여 명에 달하였다. 이렇듯 인원이 급격히 많아지고 보니, 어려운 문제가 하나 둘이 아니었다. 우선 시급한 사정은 이들에 대한 식량·피복·침구 등의 보급문제였고, 또 이들을 수용할 병사(兵舍)와 그리고 교육훈련을 실시하는 문제 등이었다.

이러한 문제를 타결하기 위해 나 월환(羅月煥) 대장은 주요 간부와 같이 중국측과 온갖 방법을 다하여 교섭을 벌였지만 좀처럼 소기의 성과를 거두기가 어려웠다. 결국 서안에 있는 중앙 전시 간부 훈련단(中央戰時幹部訓練團) 제4단에 들어가게 되면서 여러 가지 문제가 자연히 해결될 수 있다는 것을 생각하고 호종남(胡種南) 사령 장관에게 이 방안의 협조를 진지하게 요청하였다. 우리 애국 청년들의 열렬한 독립 정신의 호소에 큰 감명을 받았던 것으로 드디어 호종남 사령 장관의 승낙을 얻어 제4단 내에 한청반(韓靑班) 〈한국청년간부훈련반〉을 특설하게 되었으며 제1차적으로 50여 명의 한국 청년을 입교시키는데 성공하였다.

이 전시 간부 훈련단을 전시하 급격히 소용되는 간부의 대량 양성을 위하여 일정한 기간 교육 훈련은 실시하는 군사 교육 기관〈우리 나라의 보병 학교에 해당〉으로서 군관(軍官)학교를 나온 장교는 위관반(尉官班)과 교관반(校官班)〈우리나라의 영관(領官)반에 해당〉으로 구분하여 학원대(學員隊)·간부훈련반 학생대(學生隊)라고 부르고 있는데, 한국 청년들은 모두 학원대로 편입되었다.

처음에는 2개 구대로 편성되었으나 점차 인원의 증가로 3개 구대로 확대하여 군사 훈련을 실시하게 되었고, 한국청년전지공작대(韓國靑年戰地工作隊) 시절부터 광복군 제5지대를 거쳐 광복군 제2지대에 이르러, 즉 1939년 말경으로부터 1942년 10월 경까지 사이에 중국 중앙전지간부훈련 제4단 特科 총대 학원대한청반(中央戰時幹部訓練 第四團 特科總大 學員隊韓靑班)의 내용을 대략 살펴보면 대장(大將)에 나월환(羅月煥), 부대장 겸 제1구대장에 김동수(金東洙), 제2구대장에 박기성(朴基成), 정훈조장 (정치 지도원)에 이하유(李何有)였고, 군사 교관에는 조시원(趙時元)·안일청(安一淸)〈별명: 조경한(趙擎韓)·한유한(韓悠韓), 〈별명: 한형석(韓亨錫)·송호성(宋虎聲)·그리고 한청반을 전후하여 졸업한 인원을 헤아려보면 김천성을 위시하여 강창복(康昌福)·김형철(金亨撤)·김용주(金容珠)·김성율(金成律)·김성호(金成浩)·김상준(金尙俊)·김덕원(金덕元)·김명택(金明澤)·김의원(金義元)·김해성(金海星)·김찬원(金贊元)·김세용(金世用)·고여순(高如順)·김동걸(金東傑)·나동규(羅東奎)·허봉석(許鳳錫)〈별명: 나광(羅光)·뇌명(雷明)〈별명: 이병곤(李炳坤)·문응국(文應國)·맹조화(孟兆和)〈중국인〉·박지호(朴芝鎬)·박동운(朴東雲)·백정현(白正鉉)·박영진(朴永晋)·박영섭(朴永燮)·배아민(裵亞敏)·박재화(朴載華)〈별명 하래(何來)·박규채(朴圭彩〈별명: 박일성(朴日成)〉·박명광(朴明光)·선우기(鮮于基)·이정식(李貞植)·이해순(李海淳)·이건림(李建林)이욱승(李旭昇)·이지홍(李志鴻)·이운학(李雲鶴)·이명(李明)·이월봉(李月峯)·이경녀(李敬女)·안영희(安英姬)·김복신(金福信)〈별명: 김용(金湧)〉·장덕기(張德祺)·유덕량(劉德亮)·이우성(李宇成)·안봉순(安奉舜)·염재항(廉宰恒)·임재남(林載南)·유기현(柳基鉉)·윤태현(尹泰鉉)·이규원(李圭元)·오동수(吳棟秀)〈별명: 오서희(吳庶熙)〉·오성행(吳成行)·이보비(李寶妣)·이한성(李漢成)·이한기(李漢基)·안일용(鮫一

勇)·임정근(林正根)·장철(張鐵)·장이호(張利浩)·안국보(安國寶)·정일명(鄭一明)·정정산(鄭正山)·조광선(趙光善)·최봉진(崔俸鎭)·최전(崔銓)·최일성(崔一成)〈별명: 최동균(崔東均)〉·최철(崔鐵)·전일묵(全一黙)·한광(韓光〈별명: 박훈(朴勳)〉·한휘(韓輝)·황영식(黃永植)·황삼용(黃三龍)·한정임(韓貞任)·가자후(賈子厚)〈중국인〉·강정선(康情善)·백준기(白俊基)·강일성(江一成)·김운백(金雲白)·김도제(金道濟)·정상섭(鄭相燮) 등 열혈 청년들이 조국 광복을 위한 전위대로서의 사명감을 양 어깨에 메고 위국 충성(爲國忠誠) 할 것을 맹서한 동량들이다.

이 외에 한국인 교관으로는 황학수(黃學秀)·조경한(趙擎韓)·조시원(趙時元) 등이 전술·역사·정신 교육을 담당하여 혁명 정신 앙양에 전력하였다.

이처럼 인원이 불어나고 군사 교육을 실시하게 되는 동시에 여러 가지 애로가 해결됨에 따라 한국 청년 전지 공작대 간부진은 앞날에 대한 포부와 희망에 부풀어 올랐다. 한편, 그들은 선전 공작의 일부로 극단을 조직하여, 예술에 조예가 깊고 또 전시 간부 훈련단 교관으로 있는 한유한(韓悠韓)〈한형석(韓亨錫)〉 연출(演出)의 아리랑(阿哩郞)·국경의 밤(國境之夜)·한국의 한 용사(韓國一勇士) 등의 프로를 가지고 서안은 물론 대서 현성(顯城)을 순회하면서 공연을 가졌다. 이 이색적인 연극과 한국의 노래는 가는 곳 마다 박수갈채를 받았다. 서안에서 발행하는 신문은 두말할 것도 없고 중경에서 발행하는≪대공보(大公報)≫·≪중앙일보(中央日報)≫까지 대서 특필로 연극 공연이 성공을 높이 칭찬했다. 그것은 압박받는 한국 민족으로서 제국주의 일본에 대항하여 싸우는 슬픔과 용감성이 담뿍 담겨져 있어, 항전하는 중국 인민의 공감을 불러 일으키기에 충분했다. 더구나, 한국의 독립 진영이 서안에 와서 자기들과 같이 싸우고 있다는 것은 중국 군·관·민에게 동지적 위로를 주었으며, 나아가서는 그들로부터 동정과 협조를 받는 데 큰 효과를 얻었다.

1941년 1월 1일, 한국 청년 전지 공작대가 광복군 제5지대로 개편되고 나 월환대장이 지대장 겸 정모 제5분처 주임위원으로 임명되었다. 그 해 봄부터 전시 간부 훈련단에 교관으로 파견되어 있는 간부 및 지대 본부 기간 요원을 제외한 이해평(李海平), 김천성(金天成), 김용주(金容珠)등 간부 수 명을 하남성(河南城)·낙양(洛陽)·정주(鄭州) 등지에 기지를 정하고 신향(新鄕)·개봉(開封)·태원(太原)·석가장(石家粧)·북평(北平) 등지로 파견하여 주도 면밀하게 거점을 확보하면서 정보 제5분처로서의 활동을 전개하였다. 지대장 나 월한은 서안 본부에 있으면서, 대다수의 인원이 군사 훈련을 받고 있는 전시 간부 훈련단에 대한 교육 감독 및 지원 등에 심혈을 기울이는 한편, 중국 당국과의 협조와 연락에도 정열을 쏟고 있었다.

그런데 이듬해 1942년 3월 1일에는 불행하게도 서안의 제5지대 본부에서 나월환(羅月煥) 지대장 암살 사건이 발생하여 임시 정부와 광복군은 물론, 중국 측에까지 큰 충격을 주었다. 나 월환 지대장은 평소 호종남(胡宗南) 전구 사령 장관의 신임이 두터웠고, 또 중국군 중에는 황포 군관 학교를 나온 동지 및 선후배가 많았던 만큼 이들의 분노 역시 말할 수 없이 컸다. 얼마 후에는 비참한 모습의 시체로 발견되었다. (중국군 수사 당국의 엄준한 조사로 인하여 암살 사건에 관련된 하수인과 관련자 등 8명이 검거되었다. 그리고, 일 년 전 행방불명이 된 젊은 독립 투사 현이평(玄以平) 〈현익철(玄益哲)조카〉 역시 이들의 범행임이 드러났다.

이렇듯 군의 규율을 문란하게 하고 상관을 살해한 하극상의 테러 행위는 군의 명령계통과 단결을 파괴하는 것으로서 용인할 수 없는 중대한 사건이었다.

이리하여, 중국군 법무 당국은 전시 간부 훈련단 내에서 군법 회의를 열고 범행자 들의 죄상에 의하여 박동운(朴東雲)에게 사형 등 유죄 판결을 내렸다.

한편, 나 월환 지대장의 시신을 찾아낸 제5지대에서는 군례장(軍禮莊)의 의식으로 장례식을 융숭하게 거행하였는데, 이 사건은 광복군 역사상 가장 큰 불상사가 아닐 수 없었다. 이 사건이 있은 후 제5지대장의 후임으로는 총사령부의 편련 처장(編練處長)으로 송호성(宋虎聲)이 취임하여 대원들에 대한 무마에 노력하였다.

제1절 제2지대

1941년 12월 8일 일제 침략군의 하와이 진주만(珍珠灣) 폭격으로 인하여 확대된 전국은 중·일 전쟁의 작전 양상에도 큰 변화를 가져오게 하였다. 우선 중국군은 홍콩에서 일본군과 작전 중인 영국군을 지원하기 위하여 광주(廣州)에 주둔한 적 일본군의 진지를 공격하는 한편 일부 병력을 버어마 지역으로 투입하여 그 방면에서 작전 중인 영국군을 직접 지원하였다. 이것은 무엇보다도 미국의 원조를 쉽게 받아들일 수 있는 수송로, 즉 버어마 루트를 개척하기 위한 한 작전이었다.

그런데, 적 일본군은 그러한 의도하에서 이루어지는 중국군의 병력 이동 상황을 미리 파악하고 그것을 견제하기 위한 작전으로 당시 중국군의 거점인 장사(長沙) 지역의 공격을 계획하였다. 즉 제 3차의 장사 공격전을 감행하려는 것이었다. 이 제3차 공격전은 적군측으로서는 여기서 중국군의 주력을 완전히 격파하여 그들이 목적하는 태평양 지역 대전투 수행에 있어서의 후방의 방해 요소를 제거하자는 속셈에서 계획된 중대 작전이었던 것이다. 따라서 적측은 12월 하순을 기하여 대병력을 집결, 제3차 장사 공격전을 개시하였다.

그러나 전세는 그들의 예상대로 순조롭게 전개되지만은 않았다. 즉 적군 측의 그들 특유의 속결 전법을 활용하여 대대적인 공격을 개시하였지만, 중국측에서도 일본군에 못지않게 아니 그 몇 배의 대병력을 동원하여 적군을 좌우에서 반격하고 후방 보급선을 습격 차단하는 작전으로 나왔다. 따라서, 시일이 지나갈수록 적 일본군의 공세는 차차 누그러질 수밖에 없게 되었다. 따라서 12월 23일을 기하여 시작되었던 적측의 소위 제3차 장사 공격전은 다음 해인 1942년 1월 4일까지 사이에 그 기세가 완전히 좌절되었다.

여기서 적측은 중국군을 공격하기보다도 중국군의 포위망을 뚫고 원래의 진지로 도망칠 수 있는 방법을 생각해내기에 고민하지 않을 수 없게 되었다. 따라서, 중국군 대병력에 의하여 포위되다시피 한 저들의 병력을 철수하기 시작하였으며 이러한 지상군의 철수 작전을 엄호하기 위하여 비행기로 독가스탄을 공중에서 투하하는 등의 비인도적 방법까지 사용하였다. 그러나, 중국군의 추격작전이 기민하고 활발하였기 때문에 적측의 철수 작전은 뜻대로 되지 않았다. 일면 전투, 일면 철수의 고전을 밤낮으로 계속하던 일본군은 1월 15일 경에야 겨우 원래의 진지로 돌아갈 수 있었다. 따라서, 일본군의 제3차 장사공격전은 결국 중국군의 승리로 돌아갔으며 적측은 연대장 4명을 포함한 1만 여명의 전사자를 내는 패전의 쓰라림을 다시 맛보게 되었던 것이다.

적 일본군은 이 밖의 중국 다른 여러지역에서도 태평양 전쟁을 틈탄 중국군의 활발한 작전을 견제하는 한편, 중국 방면에서의 일부 병력을 태평양 방면으로 빼돌리기 위하여 일종의 유한(有限) 공격 작전을 여러 차례에 걸쳐 시도하였다. 그러나, 그때마다 중국군의 맹공격을 받아 아무런 성과를 거두지 못하고 도리어 병력의 손실, 사기의 저하를 초래하는 결과만을 가져오고 말았다.[6]

한편, 이러한 정세 하에서 우리 임시 정부에서는 대일 선전 포고를 발표하고 미·영·중등 대일 항전 강대국과의 외교관계를 강화하는 동시에 내부 단합, 전력 증강을 위하여 최대의 노력을 가하였으며 그 결과로 이루어진 것이 조선 민족 혁명당 등 반대파의 정당, 단체, 인사들을 임시 의정원과 임시 정부내에 포섭하고, 조선의용대를 광복군에 편입한 일이었다. 이것은 모두 대일 항전 태세의 통합 강화가 절실히 요청되는 당시에 있어서 내외의 찬양을 받을 만한 성사(成事)였던 것이다.

이때 조선 의용대의 광복군 편입과 함께 종전의 광복군 각 부대에도 일대 개편이 있게 되었다. 즉 새로 편입된 조선 의용대가 광복군의 제1지대로 개편되었으며, 종전의 제1·제2·제5지대를 통합한 병력으로서 종전 제2지대에 비할 바가 아니었다. 특히 이번 제2지대의 통합된 제5지대는 일찍부터 일선공작에서 수훈을 세운 바 있는 청년 전지 공작대의 후신으로서 많은 전투 대원을 가지고 있던 부대였던 만큼 이러한 제5지대 및 제1지대를 편입한 신편 제2지대의 전투 능력은 다른 어느 지대보다도 우수성을 가지고 있었다고 보아야 할 것이다.

여기에 다시 제2지대에는 역전의 용장이요, 총사령부 참모장인 이 범석 지대장을 새로 맞이하게 되었으며, 제1·제2·제3, 3개 구대장에 안춘생(安椿生)·노태준(盧泰俊)·노복선(盧福善) 등 신망있는 중견 장교들이 임명되니, 종전 제1·제2·제5지대에 당시에 일시 침체되었던 현상이 일신되고, 장

---

6) 김홍일(金弘壹) 지은《대륙의 분노》중 중앙군의 소장(少將)조 참조.

병들은 모두 새로운 정세하에서 새로운 각오로 조국의 해방 독립을 위한 전투 태세를 갖추게 되었던 것이다.[7]

1. 초모 공작

광복군 병력 증강을 위하여 제1단계로 실시하여야 할 것은 초모 공작이었다. 즉, 처음 중경(重慶)이나 서안(西安)에 집결한 광복군 인원은 수백으로 세일 정도인 것이니, 이것은 초모·선전·정보 수집 등을 위하여 필요한 인원은 될지언정, 직접 대적 전투를 수행할 병력은 되지 못하는 것이었다. 때문에 광복군의 창설과 함께 3개 지대를 편성하는 데 있어서도 1개 지대를 1개 사단으로 육성하여 제1차적으로 3개 사단 약 3만 명의 병력을 양성하는 것을 목표로 한 것이다.

그러나 3만 명의 장병 양성, 이것은 당시 광복군이나 또는 임시 정부의 형편에 있어서 용이한 일이 아니었다. 예산과 무장이 있어야 함은 물론, 첫째로 인원이 있어야 한다. 그리고, 그 인원은 멀리 국내나 만주 지역, 또는 적 일본군이 점령하고 있는 중국 지역의 청년이나 적진 중에 끌려 나와 있는 동포 청년들 중에서 구하지 않으면 안 된다. 그런데 실은 그 어느 하나도 쉬운 일이 아니었다.

여기서 임시 정부에서는 광복군 총사령부 창설과 함께 끊임없이 경비의 지원을 중국 정부에 요청하고, 또 우리 일선 대원들의 활동에 대한 적극적인 협력지원을 요청하며 그 행동 방안을 건의하기도 하였다. 그러나, 중국 정부나 중국 군사 당국에서는 우리 임시 정부와 광복군의 독립 투쟁, 항일 전쟁에 대하여 시종 동의를 표시하고 지원을 하여 오면서도, 실지 광복군

---

7) 김승학(金升學) 지은《한국 독립사》2편 3장 6절 한국 광복군 조 참조.

의 활동에 대하여서는 제한을 가하고 있었는데, 이러한 현실은 적진을 뚫고 들어가 활동하는 대원들에게 막대한 불편을 주기도 하였다. 또, 광복군 설립 후, 산서(山西), 수원성(綏遠省) 방면으로 나가 활동하던 제1. 제2지대(정모처)는 사정으로 인하여 1942년, 종전의 제1·제2·제5지대를 통합하여 광복군 신편 제2지대로 출발할 때에도, 지대 병력은 제5지대의 병력을 중심으로 한 수백의 인원에 불과하던 것이니, 급격히 변화하는 대세 하에서 대일 잔적을 앞둔 군의 재편성과 함께 각 지대 공히, 인원의 증가를 위한 초모 공작은 제일 선결 문제가 되지 않을 수 없었던 것이다.

더구나 이 때 적 일본측은 무모하게도 전쟁을 중국대륙에서 다시 태평양으로 확대하여 놓고, 그들의 부족한 인적 자원을 충당하기 위하여 지원병·징병·징용 등의 명칭으로 우리 국내의 수많은 청년을 일선으로 끌어내었다.

원래 우리 한국 민족이 의협심이 강하고 전투에도 용감하며, 또 침략자 일제에 대한 적개심도 강함을 알고 있는 적측은, 전쟁에 우리 청년들을 무장 출동하는 것을 주저하지 않을 수 없는 일이었다. 일제는 그 병력의 부족을 메꾸기 위하여 한국 청년들을 전선으로 몰아내는 일대 모험도 하지 않을 수 없게 된 것이니, 이것은 사실 그들에게 있어서는 제 무덤을 제 스스로 파는 일이 될 수도 있는 일이었다.

그러나, 만일 우리 임시 정부나 광복군에서 이들 일선에 나온 동포 청년을 초모하는 공작을 펴는 데 특별 노력을 가하지 않으며 연합군 측에서도 다만 무력에 의한 승리를 거두는 데에 만 주력한다면 우리 동포 청년들의 전력은 일제 침략군에게 그대로 이용되고 말 것이니, 이야말로 중대한 문제가 아닐 수 없는 일이었다.

이 무렵, 서기 1942년, 광복군의 개편과 함께 철기 이범석(鐵騎李範奭)

을 지대장으로 하여 신편 증강되었던 제2지대의 전방 활동, 그 중에도 초모 공작 상황을 대강 살펴보면 아래와 같다.

1942년 5월을 전후하여 그 동안 산서(山西)·하남성(河南省) 등지엣어 제2차 공작으로 선무·초모활동을 전개하여 오던 대원 김천성(金天成) 등은 최철(崔鐵)·이원범(李元範)·최전(崔銓)·왕태일(王泰鎰)·김도제(金道濟)·강창복(康昌福)·배아민(裵亞敏)·강일성(江一成)·전일묵(田一黙)·박영섭(朴永燮)·김명택(金明澤)·강정선(康貞善)·정인숙(鄭仁淑)·최동인(崔東仁)·김경인(金敬寅)·박훈(朴勳) 등 많은 청년들을 초모하여 사서성의 노안(路安장)과 운성(雲城)을 거쳐 서안(西安)으로 들어와 입대하게 되었다.

1942년 6월, 백정현(白正鉉)·이해순(李海淳) 등 공작원들의 초모 활동에 의하여 장덕기(張德祺)·김용(金湧)·유덕량(劉德亮)·황삼룡(黃三龍)·이욱성(李旭成)·박인숙(朴仁淑)·한정임(韓貞任) 등 많은 인원이 적 점령 지구를 탈출하여 서안으로 들어왔다.

1942년 12월, 2지대에서는 그동안 전시 간부 훈련단 안에 설치한 한청반(韓靑班)에서 새로 수업을 끝낸 대원들을 다시 전선 각지로 다수 파견하여 정보·작전·초모 등의 활동을 대대적으로 전개하게 되었다. 그 중에도 한휘(韓輝)·이욱성(李旭成)등은 석가장(石家糚)·신향(新鄕) 방면에서 김유신(金有信)은 낙양(洛陽)부근에서 장이호(張利浩)·정일명(鄭一明)·이한기(李漢基)·서곤(徐昆)·이해순(李海淳)·이한성(李漢成) 등은 하남성초작(河南省焦作)에서 각각 활발한 공작을 전개하였는데 그 중에도 중국어에 능통한 김 유신은 낙양 부근 도구(渡口) 우체국의 직원으로 가장 잠입하여 긴밀한 연락 초모 공작을 폈다.

또 이 무렵, 이범석 지대장은 서신을 중국 측의 현지 군사·정보 책임자인 오종택(吳宗澤)·장공달(張公達)·오계성(吳啓誠)·우지후(于之厚)·이연년(李延年)·장옥현(張玉鉉)·왕진(王震)등에게 보내어 협조를 요청하므로 하여 긴밀한 연락 활동이 진행되기도 하였다.

1943년 5월, 산서(山西)지구에서 활동하던 김천성(金天成)·백정현(白正鉉)·정일명(鄭一明)·이해순(李海淳) 등은 박영만(朴英晚)·유사현(柳史鉉)·나광(羅光)·김성률(金成律)·김덕원(金德元)·신국빈(申國彬)·백준기(白俊基)·이우경(李宇卿)·이지성(李志誠)·김운백(金雲白)·이운학(李雲鶴)·안일용(安一勇)·정상섭(鄭相燮)·동방석(董邦石)·안정숙(安貞淑)·김의원(金義元)·문말경(文末景) 등 많은 사람을 적군 점령지로부터 탈출시켜 노안(潞安)·운성(運成) 등지를 경유 서안(西安)으로 오게하여 2지대에 입대하게 되었다.

1943년 6월, 김형철(金亨鐵)·최전(崔銓)등 4인의 대원이 다시 산서·하남지구로 침투하여 종전 공작원들의 활동을 협조 보강하였다.

1943년 10월, 신향(新鄕)·초작(焦作) 등지에서 활동하던 서곤(徐昆)은 중국군 군통국(軍統局) 요원으로 근무하던 안순창(安淳昌)을 광복군으로 포섭하였는데 그 후 안순창은 정일명(鄭一明)과 함께 북평(北平)·정주(鄭洲)등지에서 많은 공작 성과를 거두었다.

1944년 2월, 김천성(金天成)·백정현(白正鉉)등은 다시 최봉상(崔鳳祥)·한종원(韓宗元)·박금동(朴金童) 등을 초모하여 서안에서 입대하게 하고, 10월에는 다시 계의성(桂義成)·송창석(宋昌錫)·이순승(李淳承)·김숙영(金淑英) 등 4명을 적지에서 탈출케 하여 본대로 들어오게 되었는데, 이 때에는 중국군과의 절충을 위하여 제2구대장 노태준(盧泰俊)이 직접 중국군 제34 집단군 사령부가 있는 극난파(克難坡)까지가서 전기 인원을 대동하고

귀대하기도 하였다.[8]

1944년 11월, 김천성·백정현등의 적 점령 지구에서의 과감한 활동으로 전성윤(田成潤)·최창모(崔昌模)·윤치원(尹致源)·이병학(李秉學)·김두환(金斗煥)·박승렬(朴承烈)·김명천(金明天)·최봉련(崔鳳蓮)·김선옥(金善玉) 등 많은 청년들이 다시 적지를 탈출, 서안으로 들어와서 입대하였다.

이와같이 광복군 전방 공작원들의 활동이 점점 확대 강화되고, 또 전쟁의 대세가 하루 하루 적 일본측을 궁지로 몰아넣게 됨과 함께 국내에서는 더 많은 청년들이 혹은 소위 지원병으로, 혹은 징병으로 대륙 전선에 끌려나오게 되니 이러한 청년들이 자진하여 천신만고를 겪으면서 광복군 진영으로 찾아와서 입대하게 되는 인원도 날로 늘어나게 되었다. 따라서, 이 무렵 제2지대에 입대하였던 인원만을 대강 보더라도 학도병 출신의 장준하(張俊河)·김준엽(金俊燁)·홍기화(洪基華)·김성근(金星根)·김유길(金柔吉)·오건(吳建)·고철호(高哲鎬)·장재민(張在敏)·석근영(石根永)·이종무(李鐘鵡)·노능서(魯能瑞)·김성환(金聖煥)·윤재현(尹在賢)·김영호(金榮鎬)·한경수(韓景洙)·태윤기(太倫基) 등과 징병 출신의 이호길(李浩吉)·석호문(石鎬文)·장두성(張斗星)·홍재원(洪在源)·김성갑(金成甲) 등 제제다사(濟濟多士)였다.[9]

---

8) 노복선(盧福善, 당시 제2지대 제3구대장), 김석동(金奭東, 제2지대 대원이 적은 '한국 광복군 제2지대 연혁' 및 '철기 이범석 서한문 초록' 참조.
9) 동상 '한국 광복군 제2지대 연혁' 참조.

정주(鄭州) 귀덕(歸德) 낙양(洛陽) 지구 공작조

1940년 6월경, 산서성(山西省) 태행산(太行山) 노안(潞安)에서 김천성(金天成)동지에 의해 정일명·장리호·정기주·백정현 동지 등이 한국청년전지공작대 제1소대에 초모되었다.

1943년 봄 정일명과 장리호는 제2지대 서안(西安)본부에서 훈련을 마치고 황하(黃河) 이북 제2지대 정주지구 공작조로 파견되어 주로 정주 귀덕 일대에서 활동하였다.

1944년 4월 경 귀덕에는 일군기병 제4여단이 주둔하였으며 제25연대와 제26연대를 기축으로 하고 병참 및 각 지원부대가 있었으며 보병 갈매기 병단(○兵團)이 주군하고 있었다.

이 두 병단에는 학도병을 끌려온 한적 사병 및 장교훈련을 받은 사람도 있고 또 제1차로 징병되어 사병생활을 하는 한적병사와 상당수의 군속들이 있었기에 주로 이들에 대한 초모활동을 하여왔다. 귀덕 시내에 경성기계점(京城時計店) 이라는 간판을 걸고 장사하는 곳이 정일명의 아지트로 이용되었다.

토요일과 일요일에는 일군장교와 하사관이 귀덕 시내 주변 위술순찰을 돌았다. 일군 기병소위였던 홍구표(洪○杓)가 하사관 2명을 인솔하여 위술순찰을 돌다가 경성시계점을 보고 반가운 마음으로 주인에게 인사하고 자신도 한국사람으로서 학도병으로 끌려와 근무한다고 통사정을 하고 후에 자주 만나게 되었고 임시정부와 광복군에 대한 소식을 듣고 의합하여 같이 일할 것을 굳게 약속하고 일군의 동태 탐지와 한적사병들의 초모공작에 적극 협력하였다.

1944년 6월 경 중국중앙군은 하넘싱 낙양 일대에서 일군과 일대격전을 벌였다. 일군은 주로 갈매기 병단과 기병 나리병단(成兵團)이 주축이 되어 낙양을 함락시켰던 것이다.

정일명 공작조장은 장리호를 낙양 후방지구로 파송했으며 1945년 5월 경 일군 제25연대 잔류부대가 낙양으로 주력부대와 합류하게 되어 홍구표와 장리호가 낙양에서 만나게 되었고 일군 갈매기부대에 근무하던 군속 최일용(崔一龍)과 김기도(金基○)를 만나 그들을 포섭하였다.

1944년 12월 경 유차(   )에서 활동하던 정윤(   ), 이해순(李海淳) 등은 일군 헌병대에 발각 체포되어 석가장에서 헌병대에 의해 총살당하였다.

2. 교육 훈련

광복군 각 지대의 원활한 초모 공작 및 선전 활동의 전개와 戰局의 확대, 동포 청년들의 일선 참가 격증에 따라 각 전선에서 혹은 광복군 주재지 혹은 중국군 및 연합군 진영으로 탈출하여 오는 한국 청년들의 수는 나날이 증가하게 되었다. 그 중에서도 중국의 둔계(屯溪)·낙양(洛陽)·노하구(老河口)·임천(臨泉)·유양(劉陽)·상음(湘陰) 등지로 적군 진지에 있던 동포 청년들이 계속 탈출하였으며, 일시 전방 초대소(招待所)에 수용되었다가 광복군 부대로 인계되었다. 이렇게 많은 청년 동포들이 자유진영으로 돌아오게 되자 우리 임시 정부와 광복군 측에서는 그들에 대한 수용시설과 교육 훈련을 위한 대책이 필요하게 되었다.

이에 임시정부에서는 중국 정부에 향하여 우선 그들에 대한 경비조로 긴급 재정원조를 요청하는 한편, 그들을 광복군에 정식 편입하기 위한 교육 훈련 계획을 세우기에 분망하였다. 그들 적진 중에 있던 동포 청년들은 대개 상당한 지식을 가지고 군사훈련을 받은 인물들이지만, 그것이 적치하(敵治下)에서 받은 교육훈련이었던 만큼 광복군으로서의 필요한 교육도 필수로 받아야 했다.

따라서, 광복군 제2지대에서는 이미 개편의 뒤를 이어 중국의 군사 당국과 교섭하여 중앙군 전시 간부 훈련단〈갈무계(葛武啓) 중장 주관〉안에 한국청년반을 특별설치하고 김동수(金東洙)·박기성(朴基成)·유해준(俞海濬)·송호성(宋虎聲) 등의 담당으로 일선 활동에 필요한 군사 훈련과 외국어 등을 재교육한 바 있었지만 일선의 초모 공작이 활발해지고 적지에서 탈출하여 오는 동포 청년들이 격증함과 함께 이범석(李範奭) 지대장은 중국군 제10전구 사령관으로 중앙 군관학교 제7분교 주임을 겸하고 있는 호종남(胡宗南) 상장 사령관과 교섭하여 서안(西安)에 있는 군관학교 분교에 다시 한국 청년반을 설치하고 박영섭(朴永燮)·최철(崔鐵)·왕지성(王志成)·이운학(李雲學)·박재화(朴載華)·허봉석(許鳳石)·장철(張鐵)·왕태일 등 많은 청년들을 교육 훈련시켰다.

1. 한·미 합동 훈련

임시정부와 광복군 총사령부의 對 연합국 합동 작전을 위한 계획과 준비가 진행됨과 함께 현지 실무자들간의 접촉도 활발히 진행되어 계획은 점차 실천 단계로 옮겨지게 되었다.

이러한 한 미 합작의 군사 행동 계획은 당초 태평양 전쟁의 발생과 함께 당시 미국 하와이에 있던 대한 민국 임시 정부 구미(歐美) 위원부에서도 계획한 바 있었다. 즉 이승만(李承晩)을 위원장으로 하는 구미 위원부에서는, 미·일 양국간의 전쟁이 확대되자 위원부 직원을 보강하여 새로운 활동을

韓國光復軍 第二支隊史 한국광복군 제2지대사 / 53

전개함과 함께 한·미 공동 전투 활동의 필요성을 통감하고, 한·미 작전에 의한 재미 한국 청년들의 전투 훈련 및 참전을 미국 측에 제안하여 계획이 추친되었다. 1943년 봄, 위원부에서는 다시 장기영(張基榮)·장석윤(張錫潤)·조종익(趙種翊)·피터김 등 청년들을 미 국방성 전략 정보처(OSS)에 추천하여 정보·통신등 특수 교육을 받게 하였으며, 교육 훈련이 끝난 후에는 버어마 전전에 배치되기도 하였던 것이니, 이것이 태평양 전쟁후 한·미 합작 특수 훈련의 시초가 되는 것이다.[10]

한편 이 무렵, 중국의 피난 수도 중경(重慶)에서는 우리 임시 정부의 외무부 및 선전 위원회의 요직에 있으면서 대외 관계에 활약하던 안원생(安原生)이 미국 대사관 및 군사 관계자들과 긴밀한 활동을 하는 중, 1943년 2월에 중국 주재 미국 공군 사령부의 정보 장교인 크래렌스 비 윔스(Clarence N, Weems)를 중경 연화지(蓮花地)에 있는 dlastl 정부 청사로 맞이하여 김구(金九) 주석과의 회담으로 한·미 군사 합작에 대한 토의를 하게 되니, 여기서 광복군과 주중 미군측과의 군사 합작 문제는 점차 활발하게 토의를 보게 되었다.

따라서 1943. 44년에 걸쳐, 우선 미국 전략 정보처 즉 오에스에스(OSS)와의 제휴로 한·미 합동의 정보 활동이 시작되었으며, 송면수(宋冕洙)·안원생(安原生)·안우생(安偶生)·진춘호(陳春湖)·박영만(朴英晩)·김유철(金裕哲)·이원범(李元範)등이 함께 참가하여 한·미 군사 합작의 긴밀한 유대를 형성하게 되었다. 그 중에도 이원범은 중국군 제2전구인 보계(寶溪) 포로수용소에서 적 일본군 포로들의 심문을 담당하여 많은 군사정보를 얻어

---

10) 정운수(鄭雲樹), 당 73세, 당시 구미 위원부 직원, 후에 서안(西安) 제2지대 한·미 합동 훈련반 통신교관) 1974年 증언 및 《정운수가 걸어 온 항일 독립 투쟁의 경위》 참고.

미군측에 제공함으로써 한·미 합작의 큰 성과를 올리기도 하였다.[11]

그리고 한·미 합작의 제1차 계획으로 정보 활동이 순조롭게 진행되는 동안 다시 한·미 합작의 특수 훈련 계획이 추진되었다. 즉 제2지대장 이범석(李範奭)은 일찍부터 중국 곤명(昆明)에 주재하고 있는 미국 제14항공대의 간부 쉬노우더(중국이름) 진 납덕(陳納德)과 긴밀한 접촉을 가져온 바 있었지만, 1944년 가을에는 다시 중경(重慶)에서 주중 미군 사령관으로 연합군 중국 전구(戰區) 부사령인 워드 마이어 미 육군 중장을 만나 광복군의 작전 계획과 한·미 합작에 대한 의견을 말할 수 있는 기회를 갖게 되었으며, 이범석 지대장의 전략 건의로 연합군 한·미 합작의 특수 훈련 및 작전 계획은 순차적으로 합의를 보고 실천 단계로 옮겨지는 데에까지 이르게 되었다.[12]

따라서 그 해 12월 경, 미군측에서는 곤명 주재 제14항동대에서 클라이드비 사이젠트(Clyde B. Sargent)와 정운수(鄭雲樹)를 파견하여 중경에서 대한민국 임시 정부의 요원들과 면담하고, 또 제1·2지대 본부를 방문하여 광복군 실청을 파악하며, 지대장들의 의견을 들으므로 하여 일을 점점 구체화하게 되었다. 이 동안에는, 일찍이 하와이에서 우리 구미 위원부 직원으로 한·미 합동 군사 활동 계획에도 참여한 바 있으며, 그 후 미공군에 지원입대하여 1944년 5월 경부터 제14항공대의 장교로 정보 활동을 하던 정운수(鄭雲樹)와 일찍이 우리나라에 와 있던 선교사의 아들인 미 공군 정보 장교 윔스 및 오우에스에스 부대의 연락 장교로 중국 사정에 정통하던 칼

---

11) 김유철(金裕哲)《한미 군사 합작》약사 김승학(金承學)《한국 독립사》광복군조 참조.
12) 이범석(李範奭《광복군》,(《신동아》69년 4월호) 및 김유철 위의《한미 군사 합작 약사》참조.

른 크라이더 등의 협조 노력도 적지 않았다.[13]

또, 정운수는 후일 제2지대 한·미 합작 훈련의 교관으로 와서 통신 교육을 전담하기도 하였지만, 훈련 개시에 앞서 그 통신 교재로 사용할 교본을 작성하였는데 특히 한국 자모음을 중심으로 하여 1차만 사용할 수 있는 다섯 숫자 패드(4 digit pad)를 연구 발명하는 데 성공하기도 하였으며, 여기에는 우리말에도 능통한 미군 장교 윔스 및 당시 특수 훈련 관계로 곤명에 가 있던 제3지대장 김학규(金學奎) 등 대원 김우전(金佑銓) 등의 협조를 얻은 바도 많았다고 한다.[14]

이렇게 하여 모든 계획과 준비가 이루어짐과 함께 1945년 5월부터는 우리 광복군 제2·제3지대에 대한 한·미 합작 특수 훈련이 시작되었다. 제2지대에서는 지대장 이범석 책임 하에 미국인 장교 사아젠트 및 정 운수(鄭雲樹)가 훈련을 담당하고, 안휘성 부양(安徽省阜陽)에 있는 제3지대에서는 지대장 김학규 책임하에 미국인 장교 윔스가 교육을 담당하였다.

광복군 정예대원에게 3개월간의 기간으로 특수 작전에 필요한 정보 파괴, 무전 공작 등의 교육 훈련을 실시하게 된 것이다. 그리고 소정의 교육 훈련이 끝나면 훈련생들을 직접 국내로 파견하여 지하군 3개 사단을 조직하여 적의 군사 시설을 파괴하고 정보활동을 하다가 미군 상륙부대와 협력하여 본토 수복 작전을 성공리에 완수한다는 것이었다. 이야말로 광복 사업의 최종 활동을 장식하는 사업이 아닐 수 없는 것이었다.[15]

---

13) 이범석《광복군》및 정운수(鄭雲樹)《정운수가 걸어 온 항일 독립 투쟁의 경위》참조.
14)《정운수가 걸어 온 항일 독립 투쟁의 길》및 정운수 증언 참고.
15) 애국 동지 원호회 엮은《한국 독립 운동사》부기(附記) 2. 한국광복군 약사, 김승학(金升學) 지은《한국 독립사》한국 광복군 조, 김구 (金九) 자서전《백범 일지 白凡逸志》중 기적 장강 만리풍(奇跡長江萬里風) 조 참조.

광복군 제2지대에서는 본부가 있는 두곡(杜曲) 부근에서 특수한 소질이 인정되는 열혈 청년들로 훈련반이 편성되었다. 중국에서도 불교 관계로 잘 알려진 종남산(終南山) 중에 있는 종남사 옆 예비 훈련장에서부터 훈련은 시작되었다. 먼저 1주간의 예비 훈련을 통하여 개개인의 소질과 적성(敵性)이 평가 인정된 다음, 각기 소정의 과목에 따라 본격적인 훈련을 하게 되었다.

그런데 이 제2지대 훈련반에는 특별히 일찍이 학도병으로 중국 전선에 나왔다가 日軍 부대를 탈출 안휘성부양(安徽省阜陽)의 제3지대 초모처로 와서 중국 전시 간부훈련단 제1분단에서 한국 광복군반(약칭 한광반)으로 3개월 간의 각종 군사훈련을 받았으며, 6천여리의 험준한 길을 도보 행군하여 중경(重慶)으로 들어와서 우리 임시 정부와 광복군 총사령부의 간부진은 물론 중국 및 내외 기자들과의 회견으로 전지의 상황과 전진 탈출 경위들을 소상하게 발표하여 국내외의 큰 충동을 주기도 하였던, 장준하(張俊河)〈일명: 김신철〉· 김준엽(金俊燁)〈일명: 김신일〉등 수십 명의 학병 출신 열혈 청년들이 가담하여 한층 더 기대를 걸게 되었다.

이들은 중경에 있는 우리 관·민의 큰 환영을 받고 임시로 토교대(土橋隊)에 편입되어 있다가 이범석(李範奭) 제2지대장의 요청으로 이곳 제2지대 소속의 훈련반에 들어오게 된 것인 만큼, 이들의 조국 광복을 위한 염원이나 그 발랄한 기개는 다른 대원들에게도 모범이 될 만하였으며, 또 훈련 성적도 높이 평가되었다.

전략 첩보의 목적 수행을 위한 합동 훈련반의 훈련은 문자 그대로 특종 훈련이었다. 우선 1주간 받은 예비 훈련에 있어서부터도 도강술(渡江術)· 사격술의 기초과정에서 게릴라 전법에 필요한 각종 특전단의 군사 훈련이었다.

밧줄을 타고 절벽 밑까지 내려가시 나뭇잎을 따온 다든가 밤에 낙하산 연습을 하는 것, 또는 식사 때에 바로 옆에서 묻었던 폭약을 폭발시켜 그 담력을 시험하기도 하고, 특수 음폐 및 엄폐법(掩蔽法)을 가르치는 등 적지 침투 공작에 긴요한 일들이었다. 이러한 특수 훈련은 미 육군 특전단(特戰團)의 전술사관들에 의하여 실시 되었으며 또 그들에 의하여 채점되고 구분되어 다시 통신·파괴·교란행동·정보 수집·유격대 조직등 각 단원의 임무가 주어지고 그 주어진 임무를 수행하기 위한 기술 전법의 훈련이 3개월 간 실시되는 것이었다. 훈련생들은 종남산 밑 훈련장을 중심으로 한 천막 중에서 엄격한 규율 생활을 하면서 훈련을 계속하였는데 이국 청년들과 구국 의욕으로 이루어지는 일사불란(一事不亂)의 훈련은 미국인 교관과 오에스 에스(OSS) 간부진을 경탄하게 하기도 하였다.[16]

제2지대 소속 (OSS) 훈련 단원의 명단은 아래와 같다.

무전반

이재현(李在賢)·민영수(閔泳秀)·최봉상(崔鳳祥)·유덕량(劉德亮)·장덕기(張德旗)·이우성(李宇成)·임재남(林栽南)·송창석(宋昌錫)·김용(金涌)·이종무(李鐘鵡)·장재민(張宰敏)·석근영(石根永)·김영호(金英鎬)·노능서(魯能瑞)·김유길(金柔吉)·홍기화(洪基華)·김성근(金星根)·김춘정(金春鼎)·고철호(高澈浩)·이계현(李啓玄)·이덕산(李德山)·노성환(盧星煥)·이준승(李濬承)·김성환(金聖煥)·이정선(李正善)·김중호(金仲浩)·윤치원(尹致源)

---

16) 장준하(張俊河) 지은 《돌베개》 중 가릉 청수(嘉陵淸水)는 양자 탁류(揚子濁流)로 8 15전 후 (1) 참조.

정보 · 파괴반

송면수(宋冕洙)·김용주(金容珠)·정일명(鄭一明)·임정근(林正根)·강정선(康禎善)·장철(張鐵)·강일성(江一成)·황삼룡(黃三龍)·최철(崔鐵)·정정산(鄭正山)·이지성(李志成)·이건림(李健林)·이운학(李雲鶴)·박재화(朴栽華)·박훈(朴勳)·오서희(吳庶熙)·김석동(金奭東)·계의성(桂義成)·동방석(董邦石)·이윤장(李允章)·최문식(崔文植)·신덕영(申悳泳)·송석형(宋錫亨)·이지홍(李志泓)·허영일(許永一)·장준하(張俊河)·김준엽(金俊燁)·선우기(鮮于基)·한종원(韓宗元)·김상을(金商乙)·태윤기(太倫基)·이준명(李俊明)·오건(吳健)·이명(李明)·허봉석(許鳳錫)·신국빈(申國彬)·백준기(白俊基)·이호길(李浩吉)·이욱승(李旭昇)·박명광(朴明光)·윤재현(尹在賢)·김성갑(金成甲)·김세용(金世用)·박영섭(朴永燮)·홍재원(洪在源)·박금동(朴金童)·장두성(張斗星)·이순승(李淳承)·송수일 (宋秀一)·김욱배(金旭培)·한경수(韓景洙)·구자민(具滋民)·윤태현(尹泰鉉)·석호문(石鎬文)·안국보(安國寶)·전성윤(田成胤)·이동환(李東煥)·이우경(李宇卿)·김덕원(金德元)·이동학(李東學)·김선옥(金先玉)·김동걸(金東傑)·박수덕(朴蒐德)[17]

2. 국내 진입 준비

서안과 부양에서 本土 진입을 위한 한·미 합동 특수 훈련이 진행되는 중에도 戰局은 하루 하루 침략주의 일본의 패망을 재촉하는 방향으로 진전되었다.

즉 그 해 2월에는 미군이 유황도(硫黃島)에 상륙하여 소탕전을 전개함으로써 일제의 유황도 수비군이 전멸당하였으며, 4월에 미군이 충승도(沖繩

---

17) 노복선(盧福善 김석동(金奭東) 제공 광복군 제 지대 연혁).

島)에 대한 상륙작전을 전개함으로써 일본군은 섬멸을 당하였다. 그리고 5월부터 동경·횡빈(橫濱)에 대한 대폭격이 있는 가 하면 8월 초에는 광도시(廣島市)에 원자 폭탄이 투하됨으로써 자칭 '세계 막강(世界莫强)'을 자랑하던 일제 침략군도 이제는 손을 들지 않을 수 없는 지경에 까지 이르게 되었다. 이러한 전국의 진전을 주의 깊게 보면서 7월 26일, 연합국 그 중에도 미·중·영의 3개국의 거두는 도이치의 동부도시 포츠담에 모여 최후로 일본에 대하여 항복을 권고하는 아래와 같은 13개 항의 이른바 '포츠담 선언'을 발표하였다.

① 우리들 미국 대통령, 중국 국민정부 주석, 영국 수상은 우리들의 억만 국민을 대표하여 이미 회담과 동의를 경유, 일본에 대하여 한 번의 기회를 주어서 이번 전쟁을 매듭지으려 한다.

② 미국, 영 제국 및 중국의 방대한 육. 해. 공군부대는 이미 여러 배로의 증강되었으며 서방에서 출동하여 온 군대 및 공군으로 곧 일본에게 최후의 타격을 주려고 한다. 이러한 무력행사는 그 소유 연합국의 지지와 고무 격려를 받은 것으로서 대일 작전에 있어서 그 저항을 정지시키지 않고서는 중지되지 않을 것이다.

③ 도이치는 아무런 효과도 없이 아무건 의의도 없이 전 세계 소유의 자유와 인민의 역량을 저항하였는데 그 얻은 바 결과가 분명하게 바로 앞에 있은 것으로서 일본인민에게 은감(殷鑑)이 될 만한 일이다. 그것이 저항을 그치지 않았을 경우에는 도이치 인민과 전체의 토지·공업 및 그 생활방식을 모두 꺾어 부수어서 없어지게까지 하지 않을 수 없었던 것이다.

그런데, 현재 일본에 대하여 집중하고 있는 역량은 도이치에 대하던 그것보다도 더 방대한 것이니 잘 재량하여 하지 않으면 안 될 것이다.

지금 우리들의 군사력과 여기에 다시 우리들의 견결한 의지를 뒷받침으로 하여 전부를 실시하게 된다면 앞으로 일본의 군대가 완전히 파멸되어 도피할 길이 없을 뿐만 아니라 일본 본토 역시 반드시 전부 파괴되고야 말 것이다.

④ 현재 시기는 이미 도래하였다. 일본은 반드시 가(可)와 부(否)를 결정하여야 할 것이다. 그대로 제 뜻대로만 뻗치고 나가서 계산이 잘못된다면 일본 제국으로 완전 파멸의 지경에 이르게 할 것이다. 군인의 통제로 혹시라고 이지(理智)의 길을 나갈 수 있을 것인가?

⑤ 이하는 우리들의 조건이 되는데 우리들은 결코 다시 고칠 수 없으며 역시 다른 별도의 방식도 없다. 유예(猶豫)지연하는 것을 우리는 다시 허용하지 않는다.

⑥ 기만 및 착오의 방법으로 일본 인민을 영도하여 망녕되이 세계를 침략 정복하려 하던 위세(威勢)와 권력은 반드시 영구히 제거되어야 한다. 대개 우리들이 굳게 주장하는 것은 책임을 저야 할 군사를 일으켜 무력을 행사하는 주의를 이 세계에서 몰아내지 않으면 화평 안전과 정의의 새 질서는 이루어 질 수 없는 것이다.

⑦ 새 질서가 성립될 때 및 곧 일본의 전쟁을 제조하던 역량의 파멸이 확실히 믿을 수 있는 증거가 있게 될 때에는, 일본의 영토는 동맹국의 지정한 바에 의하여 반드시 점령될 것이며, 우리들도 여기서 진술하게 하는 기본 목적도 완성되는 것이다.

⑧ 카이로 선언의 조건은 반드시 실시되게 된다. 일본의 주권은 반드시 본주(本州)와 북해도(北海島)·구주(九州)·사국(四國)지방과 우리들이 결정하는 기타 작은 섬 안에 한정되게 한다.

⑨ 일본 군대는 완전히 무장 해제된 후에는 그 가정, 고향으로 돌아가게

되며, 화평 및 생산 생활의 기회를 얻을 수 있다.

⑩ 우리들은 일본 민족을 노예로 부린다든가 혹은 그 국가를 멸망시킬 생각은 없다. 다만 전쟁 범죄자와 우리들의 포로를 학대한 자들은 법률의 재판을 받도록 한다. 일본정부는 반드시 일본 인민의 민주 추세의 부흥 및 증강에 장애가 되는 것은 소멸 제거하여야 하며 언론. 종교. 및 사상 자유와 기본 인권에 대한 중시 등은 성립되어야 한다.

⑪ 일본은 앞으로 그 경제상 필수 및 상환할 물화(物貨), 배상할 공업의 유지를 얻게 된다. 다만 무장 작전을 다시 할 수 있는 공업은 그 중에 포함되지 않는다. 이런 목적을 위하여 그 획득한 원료중에서 통제원료를 구별하여야 하며, 일본은 최후로 국제 무역 관계에 참가함을 얻을 수 있다.

⑫ 위와 같은 목적이 이루어지면 일본 인민이 자유로이 표시하는 의사에 의하여 한 개의 화평을 지향하고 책임을 지는 정부를 성립한 후에 동맹국의 점령 군대는 즉시 철퇴하게 된다.

⑬ 우리들은 일본 정부에 경고한다. 곧 소유한 일본 무장 부대의 무조건 투항(投降)을 선포하고 이런 행동을 유의 실행함에 대한 적당한 각 항의 보증을 하여야 한다. 이 한가지의 길을 제하고는 일본은 곧장 완전 파멸할 수 밖에 없다.[18]

이러한 강대국 간의 움직임, 적 일본군의 패퇴 소식은 조국 수복 작전의 일선에 서기 위하여 맹훈련을 계속하고 있는 한국 광복군 제 2지대 특별 훈련반원들에게도 전해졌다. 그러한 소식은 또 피끓는 훈련 반원들의 가슴을

18) 중국 현대 사료 총서(總書) 제2집 하상장(河上將) 항전 기간 군사 보고 하책 (下册), 원문은 한문 필자 국역.

뛰게 하였다. 그리고, 이러는 중 그 해 8월 초에는 소정의 3개월 훈련 과정도 끝이 나니 이제는 국내 진입 작전의 시간만이 남은 것이었다.

한편 이 무렵, 한·미 고위측에서는 이미 국내 진입에 대한 구체적인 계획의 합의를 보기도 하였다. 즉, 우리 광복군의 이 범석 제2지대장은 미국의 일본 본토 상륙 개시 이전에 우리 광복군 특수 훈련반으로 국내에 잠입시켜서 정보 수집·군사시설 파괴·지하군 조직 등의 활동을 전개하기로 계획을 작성하여 미 군사 당국과의 사전 동의도 얻게 되었다.

적 일본의 패배와 연합국의 승리를 눈앞에 놓고 볼 때, 일본 패망 후에도 우리의 자주독립을 위하여는 우리가 먼저 본국에 들어가서 일제를 축출하고 우리의 힘을 새 국가 건설에 바치지 않으면 안 될 위험성도 없지 않은 것이었다. 여기에는 우리 임시 정부가 연합국의 승인을 얻고, 또 연합군 군대들과 함께 우리 광복군이 국내로 진입하는 것만이 선결문제가 될 수 있는 것이었다.

여기서 우리 임시 정부에서는 진작부터 광복군의 국내 진입 작전을 서두르게 되었다. 오에스에스의 훈련과 함께 훈련반을 분대별로 조직, 비행기. 잠수함. 등을 통하여 국내에 진입시켜 서울 지구를 위시하여 전국을 통한 각 지구에서 연합국의 상륙잔적에 대비하는 전투태세 확립의 계획을 세웠으며 그것은 미국측의 동의를 얻기로 하였던 것이다.

따라서, 훈련반의 졸업을 앞두고 광복군 제2 지대의 이범석 지대장은 이미 서울 지구를 위시한 각 지구의 공작원까지 배정하고 출발시키기를 고대하였다.

그리고 8월 7일에는 임시 정부의 김구 주석과 광복군 총사령부의 이청천(李靑天) 총사령이 서안의 제2지대 본부로 와서 이범석 제2지대장과 함께 미국 측 대표인 곤명(昆明)·미국 전략 첩보대 본부 지휘관 도나반(소장)·

두곡 지구 주둔 대장 서젠트(소령) 등과 함께 '한·미 양국 간의 일본에 항거하는 비밀 공작의 전개'를 약정하게 되므로 인하여 한·미 합작 특수 훈련 대원들의 국내 진입 작전은 본격적인 궤도에 오를 수 있게 되었던 것이다.[19]

한편, 지원병 또는 징병에 의하여 중국 각지 전선으로 끌려 나갔던 동포 청년들의 중국군 또는 광복군 진영으로 들어오는 수효도 나날이 증가함에 따라 이들은 다시 광복군에 편입되어 일선 공작으로 나가게 되었는데 이들의 새로운 정보에 의하여 본국의 실정을 파악함과 동시에 이러한 정보가 광복군의 국내 진입 계획에 큰 도움이 적지 않았다.

그리고 이 무렵에는 중국 군사위원회에서 특히 중국 각지 포로수용소에 수용되어 있는 한국인 청년들에 대하여 그들을 우대 석방하여 다 함께 조국 광복 전선에 참가하게 한다는 방침 하에 각지 수용소에 있는 많은 한국인 청년들을 석방, 우리 광복군에 참가하게 하였는데, 보계(寶鷄) 수용소를 거쳐 나온 청년들도 다시 본국 진입 작전에 참가하기 위한 훈련을 쌓기 위하여 서안으로 들어가기도 하였다.[20]

한편, 이 무렵 한국 광복군 안에는 따로이 국내 정진군(挺進軍) 총지휘부를 설치하고 제2지대장 이범석(李範奭)을 정진군 총지휘관으로 임명하기도 하였으며, 임시 정부 김구 주석의 훈련반 시찰을 계기로 하여 미군 측과의 합동작전에 대한 최종적 결정을 보게도 되었다. 그리고, 8월 말 안으로 제2지대의 특수 훈련반을 국내 각지로 진입시킬 계획을 세우고, 진입 구역과

---

19) 김구(金九) 자서전《백범 일지》기적 장강 만리풍(奇跡長江萬里風) 조·장준하(張俊河, 당시 오에스에스 훈련반원) 지은《돌베개》8 15 전후(1) 참조.
20) 장준하 지은《돌베개》동 상조 및 중경 (重慶) 중앙일보 (中央日報) 1945년 8월 16일자 참조.

진입대원의 조직도 보게 되었다. 즉, 국내 8도를 제1·제2·제3의 3개 구역으로 나누어 평안·황해·경기도를 제1지구, 충청·전라도를 제2지구로, 함경·강원·경상도를 제 3지구로 하고, 각 지구의 대장은 제2 지대의 1·2·3 구대장인 안춘생(安春生)·노태준(盧泰俊)·노복선(盧福善)이 겸임하며, 각 도 대원은 2개조 내지 3개조로 조직하되 각조의 인원은 3명씩으로 하였다. 따라서 각 지구를 담당한 애국 청년들은 가슴을 설레이며 국내 진입의 그 날을 손꼽아 기다리게 되었던 것이다.[21]

국내 정진군 편성표(1945.8)

총지휘   이범석((李範奭)
제1지구 대장   안춘생
제2지구   노태준
제3지구   노복선
본부요원: 이재현(李在賢)·민영수(閔泳秀)·김석동(金奭東)·이윤장(李允章)·강일성(江一成)·오건(吳健)·최철(崔鐵)·한경수(韓景洙)·김동걸(金東傑)

제1지구
평안도반 반장 강정선(康情善)
1조 장덕기(張德祺)·계의성(桂義成)·장철(張鐵)

---

21) 노복선(盧福善) 김석동(金奭東) 제공《광복군 제 지대 연혁》참조.

2조 김용(金湧)·이지홍(李志鴻)·이우경(李宇卿)

3조 김중호(金仲浩)·전성윤(田成胤)·선우기(鮮于基)

4조 김영호(金榮鎬)·박명광(朴明光)·안국보(安國寶)

황해도반 반장 송민수(宋旻秀)

1조 노성환(盧星煥)·황삼룡(黃三龍)·이동환(李東煥)

2조 홍기화(洪基華)·신덕영(申悳泳)·석호문(石鎬文)

3조 이우성(李宇成)·허봉석(許鳳錫)·송수일(宋秀一)

경기도반 반장 장준하(張俊河)

1조 이준승(李濬承)·이명(李明)·박수덕(朴樹德)

2조 송창석(宋昌錫)·정정산(鄭正山)·최문식(崔文植)

3조 김유길(金柔吉)·오서희(吳庶熙)·이순승(李淳承)

제2지구

충청도반 반장 정일명(鄭一明)

1조 이덕산(李덕山)·박영섭(朴永燮)·김욱배(金旭培)

2조 장재민(張在敏)·박재화(朴載華)·송석형(宋錫亨)

3조 윤치원(尹致源)·윤 태현(尹泰鉉)·김세용(金世用)

전라도반 반장 박훈(박훈)

1조 노능서(魯能瑞)·신국빈(申國彬)·김상을(金商乙)

2조 이정선(李正善)·장두성(張斗星)·백준기(白俊基)

3조 임재남(林裁南)·한종원(韓宗元)·박금동(朴金童)

제3지구

함경도반 반장 김용주(金容珠)

1조 석근영(石根永) · 태윤기(太倫基) · 이욱승(李旭昇)

2조 최봉상(崔鳳祥) · 김덕원(金德元) · 김선옥(金先玉)

강원도반 반장 김준엽(金俊燁)

1조 이계현(李啓玄) · 임정근(林正根) · 이준명(李俊明)

2조 고철호(高澈浩) · 홍재원(洪在源) · 김성갑(金成甲)

3조 김춘정(金春鼎) · 동방석(童邦石) · 이호길(李浩吉)

경상도반 반장 허영일(許永一)

1조 김성환(金聖煥) · 구자민(具慈民) · 이동학(李東學)

2조 유덕량(劉德亮) · 이지성(李志成) · 윤재현(尹在賢)

3조 이종무(李鐘鵡) · 이건림(李健林) · 이운학(李雲鶴)[22]

그러나, 적의 항복은 예상 외로 빨랐다. 아니 광복군의 국내 진입 작전
계획이 이미 때가 늦었다고도 볼 수 있을 것이다. 훈련 반원들의 국내 진입
계획을 마무리하고 장도에 오를 준비를 하고 있는 대원들을 고무 격려하기
위하여 서안(西安) 현지로 나갔던 임시 정부의 김구 주석이 현지 중국 군·
관 대표들고 교환(交歡) 겸 군사 관계를 상의하기 위하여 며칠간을 머무는
중에 뜻밖에도 왜적이 항복하였다는 소식을 전해 듣게 되었다. '왜적의 항
복' 이것은 기쁜 소식임에는 틀림없었다. 그러나, 국내 진입으로 연합군의

---

22) 동상.

최후 작전에 참기하려고 만반의 순비를 갖추고 있던 우리 광복군 측에서는 실망을 가져다 주는 소식이기도 했다. 이제는 평소 염원하던 우리 장병에 의한 조국 무력 광복의 길이 없게 되었기 때문이었다. 참말 기쁨과 실망을 교차하게 하는 사실이 아닐 수 없었다. 이것은 그동안 천신만고(千辛萬苦)로 항일 무력전을 준비하기에 전심전력하던 임시 정부 수뇌부의 입장에 있어서도 마찬가지였다. 그것은 김구 주석이 당시의 심경을 아래와 같이 적은 그것을 보아서도 넉넉히 짐작할 수 있는 일이라 하겠다.

'아! 왜적의 항복! 이것은 내게는 기쁜 소식이라기 보다는 하늘이 무너지는 듯한 일이었다. 천신만고로 수년간 애를 써서 참전(參戰)할 준비를 한 것도 다 허사다. 서안(西安)과 부양(阜陽)에서 훈련을 받은 우리 청년들에게 각종 비밀의 무기를 주어 산동(山東)에서 미국 잠수함을 태워 본국으로 들여 보내서 국내의 요소를 혹은 파괴하고, 혹은 점령한 후에 미국 비행기로 무기를 운반할 계획까지도 미국 육군성과 다 약속이 되었던 것을, 한 번 해 보지도 못하고, 왜적이 항복하였으니 진실로 전공(前功)이 가석(可惜)이어니와 그 보다도 걱정되는 것은 우리가 이번 전쟁에 한 일이 없기 때문에 장래에 국가 간에 발언권이 박약하리라는 것이다.

제1절 광복군의 국내 정진

1. 정진군 조직

1945년 8월 7일, 임시 정부 김구(金九) 주석과 이청천(李青天) 광복군 총사령이 서안(西安) 남쪽 두곡(杜曲) 제2지대 본부에 도착하였는데 이는 제2

지대 OSS 훈련에 대한 임시 정부 수뇌부의 관심과 기대는 무한히 컸던 것이다.

두곡(杜曲) 제2지대 본부 영내에서는 이 두 분을 환영하는 모임이 열렸는데 이범석(李範奭) 지대장의 환영사와 김구(金九) 주석 및 이청천((李靑天) 총사령의 훈시에 이어 특기를 가진 대원들의 노래와 춤으로 엮은 여흥은 식장을 환희에 가득 차게 하였으며 사기는 고무되었다.

이튿날 아침 김구 주석과 이청천 총사령은 이범석 지대장의 안내로 종남산(終南山)에 있는 OSS 훈련장을 찾아 훈련생들의 훈련 상황을 시찰하였으며, 훈련생들이 보여주는 각종 기술과 실력에 찬사를 아끼지 않았다.

8월 9일 아침에는 미국 OSS 책임자 도나반(Donavan) 장군이 서젠트 소령과 함께 제2지대를 내방하였다. 장시간에 걸쳐 김구 주석, 이청천 총사령, 이범석 지대장과 회담을 가지고 OSS 작전에 관한 상세한 검토가 이루어졌다. 이렇듯 정세가 뜻밖에 급진전됨에 따라, OSS 수료생들은 언제든지 출동할 수 있는 만반의 태세를 갖추고 있도록 대기 명령이 내려졌다.

8월 9일 저녁 김구 주석 일행은 제1전구 사령 장관 호종남(胡宗南)의 초대연에 이어 10일에는 섬서성(陝西省) 주석 축소주(祝紹周)의 사저(社邸)에서 열린 만찬회에 초청되었는데 이 때 한 통의 전통(電通)이 하달되었다. 그 내용은 일본이 포츠담 선언을 무조건 수락하겠다는 요청을 중립국을 통하여 연합국에 신청해 왔다는 것이었다. 이 소식을 전해 들은 김구 주석 일행은 한편 기쁘기도 했으나, 한편 광복군의 상륙 작전을 눈 앞에 두고 왜적이 항복한다는 것은 원통하기 그지없는 심경이었다.[23]

다음 날 제2지대 본부에서는 김구 주석 주재하에 앞으로의 대책을 강구

---

23) 선우진(鮮于鎭) 지은《백범 김구》제10편, '조국의 산하여', p. 299.

하기 위한 긴급 회의가 열렸다.

광복군이 연합군의 일원으로 직접 국내에 진입하여 왜적을 소탕하기 전에 일본이 항복한다는 것은, 국내 진입의 모든 준비 계획을 갖추었던 광복군과 임시 정부로서는 기쁘면서도 한편 원통한 일이 되는 것이었다.

그러나 이제는 또 일본이 항복한다는 현실에서 시급한 대책을 세워야 할 판이었다.

이 회의에서는 지체없이 국내 정진군(國內挺進軍)을 조직해서 조국으로 전진해야 한다는 데 합의를 보았다. 그 이유는 광복군이 하루 바삐 일본군의 무장을 해제하고 국내 치안을 유지하기 위한 것이었다. 이범석 지대장이 정진군 지휘관으로 나설 것을 자청하고 김구 주석과 이청천 총사령이 이에 찬성하니, 여기서 이범석 장군은 '한국 광복군 국내 정진군 총사령'에 임명되는 동시, 제2지대장 후임에는 제1대 임시 정부 군무부장 노백린(盧伯麟) 장군의 영식인 노태준(盧泰俊)〈제2구대장〉이 취임하게 되었다. 다음 날 김구 주석과 이청천 총사령은 중경으로 돌아갔다.

8월 13일 이범석(李範奭) 장군은 이해평(李海平)〈이재현(李在賢)〉·김준엽(金俊燁)·장준하(張俊河)·노능서(魯能瑞) 등을 선발대 요원으로 선발하고 미 군사 사절단과 같이 다음 날 한국으로 들어 갈 준비를 하였다. 국내 정진군 선발대와 같이 행동할 미군 사절단의 임무는 연합군의 포로 인수 및 미군 진주를 위한 기초 조사였으며 정진군의 입국은 국내에 진입하는 대로 일본군에 징집된 우리 병사들을 인수하고, 또 불순 정치 세력이 작용할 수 없는 분위기를 조성해야 하는 별개의 임무가 되는 것이었다.

8월 14일 네시 15분 광복군 5명과 미군 측 22명 합계 27명은 수송기 편으로 서안(西安) 비행장을 이륙하여 섬서(陝西) 산서성(山西省)을 거쳐 산동성(山東省)을 지나 황해(黃海)바다 위에 비행하고 있을 때 곤명(昆明)으로부터 무전이 왔다. 미군 사절대표 번츠 (대령)는 이범석 장군에게 전문을 보였다. 거기에는 '한국 진입 중지' 라고 적혀 있었다. 일동은 침묵에 잠겼고 우리는 첫 번째 꿈이 깨어졌다고 느꼈을 때는 이미 기수(機首)가 오던 길로 방향을 돌리고 있었다. 뒤에 알게 된 일이지만, 14일 아침 동경만(東京灣)에 진입하던 미국 항공 모함(航空母艦)이 일본 특공대의 습격을 받았다는 이유였다. 수송기는 서안을 떠난지 12시간이 지난 14시 반경에 서안 비행장에 다시 착륙하고 말았다. 두곡(杜曲)의 지대 본부로 돌아가는 정진군 선발대의 발걸음은 무겁기만 했던 것이다.[24]

2. 국내 정진과 사태 변동

8월 15일 정오, 일본 천황은 방송을 통하여 일본이 연합국에게 무조건 항복한다는 성명을 발표하였다. 이 소식을 전해 들은 광복군들은 기쁨보다 오히려 더 깊은 근심에 빠지게 되었다. 그것은 소련군이 만주 뿐만 아니라 연해주(沿海州)로부터 북한 땅으로 남진하고 있다는 중국 신문 활자가 눈앞에 클로즈업 되었고, 모처럼 얻은 해방이 연안(延安) 공산당 일파에게 어부지리(漁父之利)를 주는 동기가 될 우려가 앞섰기 때문이었다.

이때까지 작전상 중국 전구(戰區)에 속해 있는 한국에, 미군이 진주하는 길은 육로(陸路)아닌 해·공로로만 가능한 데 반하여 소련군은 맞붙은 육지로 그냥 휩쓸어 올 수 있는 만큼, 공산주의자들의 난동 하에 들어갈 한국의 운명을 걱정하지 않을 수 없는 일이었다.

8월 16일 곤명(昆明)으로부터 '언제 진입하게 되는지 아직 유동적이니 일단 서안 비행장에서 대기하라' 는 미국측 통고를 접한 우리 광복군 정진 대

---

24) 장준하(張俊河) 지은 《돌베개》 8.15 전후편 참조.

원들은 다시 비행장으로 달려가 내기 상태에 들어갔다. 그런데 미군측은 인원을 두 사람 줄이고 무기 탄약을 제외한 모든 휴대품은 탑재하지 말라는 것이었다. 그것은 한국 영공(領空)이 아직 위험하여 어떤 일이 있을지 모르니 가능한 한 기체를 가볍게 해야 한다는 이유에서였다.

따라서 정진군 선발대는 이범석(李範奭) 장군과 김준엽(金俊燁). 노능서(魯能瑞). 장준하(張俊河)등 4명으로 결정을 보았으며 미국 측도 인원을 줄여 22명으로 다시 조정하였다.

18일 새벽 3시 30분경, 정진군을 실은 항공기는 다시 서안 비행장을 이륙하여 일로 기수를 동쪽으로 향해 전진하였다. 황해바다가 시야에 들어오자 이범석 장군은 붉어진 눈에 몇 번인가 손수건을 가져다 대기도 하였다. 조국을 떠난 지 30년 만에 지금 해방된 땅을 밟게 되는 감격에 어린 눈물이었을 것이다.

그리고, 이범석 장군은 다음과 같은 즉흥시(卽興詩)를 읊었다.

보았노라 우리 연해의 섬들을,
왜놈의 포화(   ) 빗발친다 해도
비행기 부서지고 이 몸 찢기워도
찢긴 몸이 연안(   )에 떨어지리니
물고기 밥이 된들 원통하지 않으리
우리의 연해 물 마시고 자란 고기들
그 물고기 살찌게 될 테니...........

비행기가 황해를 건너는 동안, 매 5분마다 일본의 조선군 사령부에게 '미국 군사 사절단 한국 진입중'이라고 타전하였다. 그리고 한강(漢江) 줄기를 따라 영등포(永登浦) 상공에 이르러서야 '여의도(汝矣島)에 내려라'는 신호를 처음 받았다.

영등포를 지나 기수를 낮추며 여의도 비행장에 착륙한 때는 11시 18분, 비행시간 7시 18분이 소요된 것이다. 그런데 뜻밖에도 비행장 주변에는 돌격 태세인 착검(着劍)한 일본군이 완전히 포위하고 있는 것이었다. 방독면(防毒面)을 뒤집어 쓴 일본군이 점차 비행기를 중심으로 하여 원거리 포위망을 줄여오고 있었다. 위험한 상황이었다. 그토록 그립던 조국 땅을 밟는 순간 일행은 눈빛을 무섭게 빛내면서 사주(四周) 경계를 해야 했다.

일행이 타고 온 수송기로부터 약 50미터 떨어진 곳 격납고 앞에는 1개 중대나 되는 일군 병사들이 일본도를 뽑아 든 한 장교에게 인솔되어 정렬해 있고, 그 앞에는 고급 장교인 듯한 자들이 줄을 지어 있었다. 격납고 뒤에는 또 다른 무장 부대가 있는 것 같으며 전차의 기관포도 이 쪽을 향하고 있었다.

그러나, 그들은 어떤 행동을 취해 오지는 않았다. 정진대 일행은 적국 장교들이 늘어선 방향으로 발걸음을 옮겼는데 일본군 병사들은 의외로 포위망을 풀 듯이 비켜서서 조선군 사령관 향월(香月)을 선두로 한 장교단이 다가왔다.

여기서 미국 사절 단장 번츠 대령과 향월은 마주 서게 되었으며 향월의 뒤에는 참모장 정원(井原) 소장과 나남(羅南) 사단장 기타 참모들이 따랐다.

우리측 대표는 영등포 상공에 뿌리다 남긴 선전 전단을 적 측에게 주었다. 국어와 일어로 적힌 거기에는 미군 사절단 및 광복군 정진군이 한국에 들어오게 된 사연이 적혀 있었다.

향월(香月)은 아직 동경 대본영으로부터 아무런 지시도 받은 바 없으니 더 이상 머물지 말고 돌아가 주었으면 좋겠다고 하며 은근히 위협조로 나왔다.

즉 자기네 병사들이 흥분 상태에 있으니, 만약 돌아가지 않으면 그 신변 보호에 안전 책임을 지기가 어렵다는 것이었다.

그러나 우리 측도 쉽사리 양보하지 않았다. '일본 천황이 이미 연합군에게 무조건 항복한 사실을 모르느냐? 이제부터는 동경의 지시가 필요없다는 것을 알아야 한다'고 주장하였다. 피아간에 옥신각신 말이 오고 가다가 향월(香月)은 동경에서 오는 손님을 마중 나왔던 참이라면서 물러가 버렸다.

다음에 나선 일군 대표는 여의도 경비 사령관 삽택(澁澤) 대좌였는데 같은 주장의 대화가 몇 차례 더 오고 간 다음 그 일본군 대좌는 포플라 그늘 밑으로 우리측 일행을 안내했다. 거기에는 탁자와 의자, 그리고 몇 병의 맥주와 담배를 권하면서도 여전히 돌아가 달라는 말을 하고 경비하는 일군 병사들의 분위기는 그대로 험악했다.

번즈 대령은 부득이 우리측 일행이 돌아갈 문제에 대하여 협의를 시작했다. 우선 서안(西安)까지 돌아갈 가솔린의 보급을 요청하였는데 일군측은 여의도에 C-47 수송기에 맞는 가솔린은 없으니 다음 날 평양에서 가져다 주겠다는 것이었다. 그 뒤에 알게 된 일이지만 일군은 동경 대 본영에 연락을 취하면서 회신이 올 때까지 우리측 일행을 연금해 놓을 심산이었던 것이다. 그러나 동경의 회신은 가능한 한 문제를 일으키지 말고 그대로 돌려보내라는 지시였기 때문에 잠시 후 경비 병력은 모두 물러가고 그 대신 헌병이 경호를 맡게 되었다. 우리 측은 비행장 한 복판에서 무전기를 버티어 놓고 일군이 구경하는 가운데 곤명과의 무전 연락을 취했다.

이로부터 일본군의 살벌했던 분위기가 누그러졌으며 제법 친절하게 우리측 일행을 비행장 장교 숙소에 안내해 주어 저녁에는 간단한 주연(酒宴)까지 마련해 주었다.

8월 19일 아침, 다시 돌아갈 수밖에 없다는 번즈 대표의 말이었다. 광복군 정진군 역시 다른 방법이 없었기 때문에 부득이 미군측과 행동을 같이 하기로 결정하였다.

이날 15시 반쯤 평양에서 가져왔다는 휘발유의 급유가 시작되었으며 17시 일행은 묵묵히 다시 수송기에 올랐다. 이륙한 수송기는 고도를 높이고 혹시라도 일본 전투기의 우회 공격을 고려하여 항로를 감추느라고 기수를 북향으로 돌렸다가 약 한 시간 후에야 서남 방향으로 돌렸다. 이범석(李範奭) 사령관을 비롯한 정진군 일행은 체념의 눈을 감았으나 비통한 감정을 억누를 수는 없었다.

황해를 횡단한 비행기는 여의도를 떠난 지 세 시간 만에 가솔린의 부족이 계기(計器)에 나타났으며 또 엔진에 이상도 생겨서 야간 비행이 불가능한 상태이므로 산동성 유현(山東省維縣) 비행장에 불시착했다. 그 때까지도 이 비행장은 일본군의 관장 하에 있고 주변에는 일본군 병사들이 우왕좌왕하고 있었으나 다시 적진 속에 뛰어 든 셈이 된 것이었다.

일행 22명이 어둠에 잠긴 비행장에 내렸는데 일본군의 무장 병력이 비행장 주변에 대기하고 있었지만 다행히 유현 성내에는 이미 중앙군 유격대 사령 여문예(盧文禮)·호진갑(胡振甲) 등이 진주하고 있었기 때문에 비행장 부근을 순찰 중인 유격 대원을 통하여 연락이 이루어졌다. 급보에 접한 여·호 장군은 밤으로 비행장에 달려와서 이범석 장군을 마중했다. 이 장군이 항전 초기 한복거(韓復渠) 휘하 제55군의 참모장으로 있었을 때부터 이들과는 서로 친숙하게 지내온 전우의 사이였다.

이리하여 여·호 두 대장의 안내로 일행은 자동차로 40리 쯤 떨어진 유현 성내에 들어가 진중한 환대를 받았다. 그리고 다음 날 즉 20일 오후에는 성내에서 10여 리 떨어진 곳에 서양인 포로수용소를 방문했는데 선교사, 상인등을 포함한 6백여 명이 수용되어 있었으며, 대부분이 부녀자, 노인, 아이들이었다. 여기서 조사를 끝낸 일행은 숙소로 돌아와서 곤명과 무전 연락을 취하면서 식량과 의료품을 투하하기도 하였다.

8월 24일 저녁 곤명으로부터의 지시는 한국 입국 계획을 취소하고 서안으로 귀환하라는 내용이었다.

25일에는 여·호 대장 등의 배웅을 받으며 유현 비행장을 떠나 서안 비행장에 도착 어깨를 내려뜨리고 두곡(杜曲)을 찾아든 정진 선발대 일행은 몸둘 바를 몰랐다. 그것은 일반 정진 대원들이 사기를 위축시키는 원인이 되기도 하였다.

한국 지역은 원래 중구 전구(戰區)에 속해 있었다. 연합군 중국 전구 사령관은 형식상 장개석(蔣介石) 군사 위원장이었지만 실질적 연합군 작전 지휘권은 참모장인 웨드마이어 장군이 장악하고 있었다.

따라서 광복군도 1945년 초부터 미군의 작전 지휘 하에 OSS 공동 작전을 펴게 되었던 것인데 의외로 일본군의 항복이 빨랐기 때문에 웨드마이어 휘하부대 중에는 미쳐 한국에 진주할 육군 병력을 보유하지 못하였으며 더욱이 수송 능력도 마련되지 못하였던 상태였다. 그러자, 중국내의 공군 수송력을 일본 점령 지역 수송에 동원하는 일이 시급해졌은 데다 한국 지역은 이 때 중국 전구에서 태평양 전구로 이관되어 맥아더 장군 휘하로 들어가게 되니 종래의 계획에 변경이 올 것은 당연한 일이었다. 따라서 광복군의 입국계획도 중지하지 않을 수 없었던 것이다.

그러자, 이범석 정진군 사령관은 줄기차게 웨드마이어 장군에게 교섭을 벌였다. 아무리 관할이 변경되었다 해도 그동안 인연을 맺은 웨드마이어 장군에게 기대를 걸 수 밖에 없는 것이었다. 정진군은 웨드마이어 장군으로 하여금 상해 방면에 있는 제7함대 사령관에게 교섭하게 하여 함대편으로 입국하는 계획을 추진하는 한편, 다시 선발대를 편성하였는데 이때 선발 대장에는 안춘생(安春生) 구대장이 임명되고 김준엽(金俊燁)·노능서(魯能瑞)·장준하(張俊河)등 7명이 대원으로 선정되었으며 8월 28일에 이들은 서안을 떠나 곤명을 거쳐 상해로 향발하게 되었다.

주북평판사처(駐北平辦事處)

1945년 10월 경 CLYDE B. SARGENT(OSS) 일행이 북평에 가는데 비행기에 자리 넷이 남았다 하여 국내정진군사령부에서는 이재현·이도순·이정선·김영호, 네 명을 북평에 파견하기로 하고 공문을 북평행영주임 이종인(李宗仁)에게 띄었다. 이재현 등 네 명은 북평에 도착 후 한국 국내 정진군 주북평판사처를 동단패로에 채렸다.

당시 북평에는 제3지대 지하공작조에서 이미 일군 한적사병 300여 명을 인수받은 것을 제2지대에서 중국 군사위원회 북평행영으로부터 정식인계를 받고 국내 정진군 북평 잠편대대로 개편하였다.

대대장 신현준(申鉉俊)
중대장 박정희(朴正熙)·이주일(李周一)·이성가(李成佳)

또 한편 태원·석가장·북평·천진 등지 교포 약 15만 명의 생명과 재산을 보호하기 위하여 북평교민회를 재정비하였다. 사무가 번잡하여 서안 본부에 증원을 요청 장철·이덕산·인순창 동지들이 증원으로 도착하였다.

당시의 임무는:

(가) 각 지구마다 왜적에 의히여 강제 수감되어 있는 동지늘의 조속하고 안전 한 신병 인수에 만전을 기할 것.

(나) 적군 점령 하에 거주하고 있는 모든 교포들의 생명과 재산을 보호하라 것이며, 동시에 교포의 안녕과 질서를 적극 유지할 것.

(다) 중국군과 실시하는 일본군 무장 해제 공작에 적극 협조할 것.

(라) 중국군과 협조하여 일군내의 한적 사병들을 안전하게 인수 수용(收容)하여 광복군으로 편입하게 할 것.

(마) 연합군 특히 중국군과의 우호 관계 촉진에 적극 노력할 것이며, 중국 민중과의 유기적인 친선을 도모할 것.

(바) 교포들의 사상을 선도하며 정신 자세의 확립을 통하여 독립된 국민의 긍지를 갖도록 각종 공작에 집중적 노력을 경주할 것.

(사) 교포들의 조속하고 안전한 귀국 알선(歸國斡旋)을 위하여 연합군 당국과 긴밀하고 적극적인 교섭에 만전을 기할 것.

(아) 특파단 파견의 목적 달성을 위하여 최선을 다할 것이며 진전 상황은 지체 없이 본부에 보고할 것.

1946년 2월 경 이광(李光) 단장이 인솔한 화북한교선무단(華北韓僑宣撫團)이 북경에 도착함으로 국내정진군 주북평판사처의 모든 임무를 인계하고 6월 경 정진군 북평잠편대대(개인자격으로) 및 교포 귀국사무를 도우다 귀국하였다.

인·면(印緬)지구 공작대

한국 광복군 인·면 파견 공작대 한 지성(韓志誠) 대장 등 10명이 인도에 도착한 지 한 달 후인 1943년 10월에 중경에서 연합군 대일 전략 회의가 개최되었는데, 영국측 대표 동남아 전구 총사령관인 마운드 바텐 제독·미군측 대표 섬어벨 중장·중국측 대표 장 개석 위원장이 화합하여 버어마 탈환작전에 관한 전략을 결정짓게 되었다.

그러나, 연합군의 버어마 탈환 작전 개시에 한 걸음 앞서 1944년 3월 초 왜적의 인도 임팔(Imphal) 지구에 대한 선제공격이 개시되었기 때문에 인도 영토 내에서 5개월에 걸친 치열한 격전이 벌어졌으며 연합군이 인도에서 승리를 거둔 후에야 비로소 버어마 탈환 작전이 전개되었다. 따라서, 인도 버어마에 파견된 한국 광복군 공작대의 성과가 예상외로 큰 것을 알게 된 영국군 당국은 다시 공작대의 증원을 요청하여 왔던 것이다.

한국 광복군 총사령부와 주(駐) 중경 영국 대사관 부관측과의 여러 차례에 걸친 군사 합작 교섭이 주효하여 1943년 6월 하순, 광복군의 이청천(李靑天) 총사령관과 주(駐) 인도 영국군 동남아 전구 총사령부 대표 매켄지 정보 참모 사이에 다음과 같은 한·영 군사상호협정(韓英軍事相互協定)이 정식 체결을 보게 되니, 이로써 광복군은 연합군의 당당한 일원으로 인·면 지구에 용약 출정하게 되었다.

한·영 군사 협정서(韓英軍事協定書)

① 대한 민국 임시 정부는 영국과 합작하고 대일 전투를 역행(力行) 하기 위하여 광복군 공작대를 주 인도 영국군에 파견한다.
② 전 항 파견된 공작대는 대장을 포함하여 10명 내지 25명으로 정하고 영국군과 동일한 군복을 착용하며 한국 광복군 뺏지를 구별하여 패용한다.

※ 한국 광복군 공작내 뺏지의 약호(略號)는 케이(K)·엔(N)·에이 (A)·엘(L)·유우(U) (Korean National Army Liaison Unit)이었다.

③ 이 공작전(工作戰)은 영국군의 대일 작전에 호응하여 대적 선전 및 노획한 전 문서의 번역을 포함한다.

④ 이 공작대의 복무 기간은 제1차 6개월로 정하고 계속 복무는 쌍방 합의로 연장한다.

⑤ 전항의 임무 수행에 있어서 한국 광복군의 필요에 의하거나 혹은 영국군의 요구가 있을 때에는 일부 혹은 전체 인원을 원대 복귀한다.

⑥ 이 공작대의 대장은 주 인도 영국군 대위와 동등한 대우를 받으며, 대원 중 특별한 공을 세운 자는 심사 표창하여 특별한 대우를 한다.

⑦ 한국 광복군 공작대의 유효하고 강력한 공작과 영국군과의 긴밀한 합동 작전을 위하여 한국 광복군은 인도에 상주(常住) 대표를 파견할 수 있다.

⑧ 한국 광복군 공작대는 영국군이 한국인 포로를 필요에 따라 훈련한다.

⑨ 한국 광복군 공작대와 상주 대표의 파견 이전 및 소환에 관한 일체 경비는 영국군이 부담한다.

⑩ 한국 광복군 공작대원의 이동 및 정비는 영국군 장교와 동등하게 한다.

⑪ 인도 뉴우델리(New Delhi)에서 공작하는 대원에게는 무료로 숙소를 제공한다. 단, 호텔에 거주가 가능하여 제공된다면 월(月) 숙식비 100 루비(RS) 이내를 월급에서 공제한다.

⑫ 한국 광복군 공작대 대표와 그 수행 장교는 뉴우델리에 상주하며 일체의 경비는 영국군이 제공한다.

서기 1943년 6월   일

한국 광복군 총사령 이청천

주 인도 영국군 대표 콜린·맥킨(Colin·Mackenzi)[25]

이상과 같은 군사 상호 협정에 의거하여 한국 광복군 공작대를 주 인도 영국군 동남아 전구 총사령부에 파견하기로 정식 결정을 보자, 한국 광복군 총사령부에서는 영어와 일어에 능통하고 신체 조건에 적합한 인원을 각 부대에서 심사 선발하여 다음과 같은 공작대를 편성하였다.

대장: 한지성(韓志誠)〈제1지대 출신〉

부대장: 문응국(文應國)〈총사령부 출신〉

5대원   최봉진(崔俸鎭)·송철(宋哲)·박영진(朴永晉)·김상준(金尙俊)·
　　　　나동규(羅東奎)·김성호(金成浩) 이상 제2지대 출신〉
　　　　이영수(李映秀)〈제1지대 출신〉
　　　　안원생(安原生)〈총사령부 출신〉

그리고, 중국 정부의 협조를 얻어, 8월초부터 중국 중앙 군사 위원회에서 버어마 주둔 중국군에 파견될 최덕신(崔德新) 등과 함께 3주간에 걸친 군사 교육 및 인도·버어마지구에 대한 실정 파악 등을 포함한 예비 지식에 대한 교육을 받았으며 1943년 9월 하순, 영국군의 요청에 따라 군사 기밀의 비닉(秘匿)을 위하여 전원 사복으로 민간 항공기편을 이용 중경을 출발하였다. 공작대 일행은 당일로 인도 캘커타에 도착하여 그곳에서 영국군 군복으로 갈아입고 광복군의 표식을 부착하는 등 기초 준비를 위하여 며칠

---

25) 김승학 지은《한국 독립사》제2편 제3장 제6절 '한국 광복군', p. 303.

동안을 머무르다가 인도의 수도인 뉴우델리로 옮겨갔다. 그리하여, 앞으로 공작대가 실지로 수행해야 할 영국군과의 합동 작전을 위한 구체적인 행동 전개의 내용을 협의 하였고, 따라서 영국군에 배속 이후부터의 제반 활동에 필요한 기술의 훈련 교육을 1개월여에 걸쳐 받게 되었다.

교육의 주요 목적은 ① 일본어 방송 ② 문서 번역 ③ 전단 작성 등이었다.

이러한 교육의 종합테스트가 끝난 후에는 다시 캘커타로 이동하여 공작대가 직접 행동을 같이 할 부대인 영국군 GSIK의 제201무대 부대장 스틸〈Stile〉 중령과 합동 훈련에 들어갔다.

이 제201부대의 규모는 대대(大隊) 급이었으나, 장교를 제외하고는 사병 전원이 인도의 콜카족(族)으로서 전투에 노련한 경험을 가지고 있는 것이 특징이었다. 합동 훈련은 주로 적진(敵陣) 가까이에서 방송을 통하여 적의 전의를 상실 내지 저하하게 하여 투항하게 하며, 일어로 된 전단을 작성 살포하는 등 지금의 심리 작전 부대와 비등한 임무를 수행하는 것이었다. 또한, 이 부내는 독립적인 전투 능력을 갖추고 있을뿐더러 진중 신문을 발간할 수 있는 장비도 갖추고 있었으며 때로는 적진 깊숙이 침투하여 적후방 교란 작전과 단기적인 첩자의 적진 투입 능력도 가지고 있었다.

그런데, 특이한 것은 장교의 출신 성분이 영국 연방 16개국에서 모인 각종 민족으로 조직되었기에 광범위하고도 다각적인 적정 수집과 정보의 정확한 분석·평가 등의 고차적 임무도 수행할 수 있었던 것이다.

우리 광복군 인·면 공작대는 이 부대에 소속되어, 대적방송·적 문서 번역·전단 작성, 그리고 포로 신문 등의 본래 임무를 담당하게 되었으며 1943년 12월에는 전방 지구인 임팔(Imphal)에 도착하게 되었다.

임팔에는 영국군 제15군단 사령부가 있는 곳이었다. 여기에서 공작대는 세 곳으로 분산 배치하게 되었는데, 한지성(韓志誠 소령)·김성호(金誠浩)·

박영진(朴英晉)은 제201부대 본부와 행동을 같이 하게 되었으며 송철(宋鐵)·최봉진(崔俸鎭)은 GSIK 부대로 배속되어 캘커타에서 일어 방송을 담당하게 되었고 문응국(文應國)·김상준(金尙俊)·나동규(羅東奎)는 임팔에서 동북한 166마일 지점인 티딤(Tidim)으로 각각 임지를 향하여 이동하게 되었다. 그 중, 티딤이란 곳은 버어마의 영토로서 영국군 제17사단(영·인 혼성 사단) 사령부가 위치한 최전선 지구였다.

당시의 전황은 10월 하순부터 연합군의 국부적인 제1차 반격 작전은 큰 성과를 보지 못하였으며, 1944년 1월 초부터 버어마에 대한 제2차 반격 작전(反擊作戰)을 전개하게 되었다. 먼저 버어마 북부 지역에서는 미국 스칼렉 중장이 지휘하는 미·중(美中) 연합군이 리이도우에서 분수령을 넘어 산맥 밑에 펼쳐진 밀림으로 남진(南進)공격을 개시함과 동시에, 영국군 윔케이트(Wingite) 사단이 공수 작전을 감행하여 버어마의 중리드튼 장군 지휘 산하의 제17사단도 1월 하순부터 이들 부대와 호응하여 반격작전을 개시, 버어마 중부 지역 교통의 중심지인 만달레이(Mandalay)로 진출하려고 남하를 시작하였다.

그런데 이보다 앞서 버어마에 침입한 왜적은 축차적으로 병력이 증강되어 버어마 방면군 총사령관 휘하에 3개군(15A. 28A. 33A) 10RO 사단의 총 병력 30만 명이 배치되었으며 특히 왜적 제15군(미국군 편제 군단과 동격) 휘하의 제15사단·제31사단·제33사단과 인도 국민군(친일 괴뢰군) 1개 사단 등 총 10만 병력이 이미 계획된 임팔 진공작전에 따라 한발 먼저 임팔 공략 작전을 전개하려고 만반의 태세를 갖추고 있었다.

따라서, 남하 공격을 준비하던 영국군 제17사단은 반대로 적의 예비군 왜군 제33군에 의한 불의의 선제 공격을 받아 디이 데이(D day) 예정일 3일을 앞두고 도리어 후퇴를 강요당하게 되었던 것이다. 사태가 이렇게 되니,

영국군 제17사단에 파견된 문웅국(文應國) 등 일행은 소속된 제209부내의 1개 중대와 행동을 같이 하면서 적의 포위망을 뚫고 험준한 아라칸 산지를 넘어 임팔까지 일면 전투, 일면 적을 돌파해 나오는데 약 40일이 걸리는 장도에서 악전고투를 겪어야 했다.

그런데, 이 돌파 작전에서 우리 공작대가 큰 성과를 올린 것은 적 문서의 정확한 판단이었다. 이 때 왜군 1개 연대로 그릇 판단하고 있었는데, 그 원인은 왜적이 공격을 개시하기 이전에 대대장급을 교체한 데서 비롯되었다.

왜군의 대대급 이상의 부대는 부대의 통상 명칭을 대대장의 성(姓)을 부쳐서 사용되고 있었는데 전투 서열에 없는 부대 명칭이 많이 나타남으로 해서 그릇되게 인식했던 것이다.

문웅국 등이 노획한 적 문서의 올바른 판단과 포로 심문에서 얻어진 정보가 정확하고도 신속함을 깨달은 제17사단장 고우윈(Gowin)소장은 광복군 공작대에 대한 인식을 새로히 하여 사단 사령부 직속으로 되었으며, 문웅국·김상준(金尙俊)·나동규(羅東奎) 등은 임팔로 후퇴할 때까지 사단 사령부와 행동을 같이 하면서 공작을 계속하였다.

1944년 4월초, 임팔에서 영국군 제15군단 휘하의 제7사단·제17사단·제23사단이 집결되었으며, 우리 광복군 공작대 전원이 이곳에 집결되어 야전 부대인 제15군 파견으로 임무를 수행하게 되었다.

한편, 임팔 공략 작전을 전개했던 왜군 제15군(군사령관 모전구(牟田口)중장) 휘하 3개 사단과 샤보스·챤스라·보스가 지휘하는 인도 괴뢰군은 임팔 및 고히마·비센풀 부근까지 침입해 왔으나, 연합군의 강격한 저지 작전으로 인하여 더 이상 전진을 못한 채, 작전 개시 3개월 만인 6월 중순경에는 병력의 과도한 소모와 보급품〈탄약·식량·의약품〉의 수송 차단으로 작전 수행이 불가능하게 된 데다가 영국군의 제공권과 우세한 기계화 부대의 완강한 저항으로 전황이 역전되어 왜군은 궤멸 상태에 빠졌다. 1개 중대의 병력이 군 20명 미만의 숫자로 줄어 들었으며 전투 능력은 완전히 상실 되고 말았다.

따라서, 작전 기간 중 왜군의 3개 사단장이 모두 교체되는 형편이었으며, 더욱이 제31사단장 좌등해덕(佐藤幸德)작전, 즉 견고한 진지 안에 탱그와 포(砲), 그리고 기계화 장비로 둥글게 거점을 연결하여 적의 돌격대가 어느 쪽으로든지 침투할 수 없도록 하는 주도 면밀하게 계획된 방어 작전에 휘말려, 날이 갈수록 전황이 불리하여 결국은 진퇴양난에 빠지고 말았다. 승산이 없음을 깨달은 왜적 버어마 방면군 총사령관 하변(河邊)은 소위 대본영(大本營)의 인가를 얻어 7월 10일, 인도 침입 왜군의 총퇴각 명령을 하달했으며, 7월 15일부터 후퇴하기 시작한 왜군은, 공중과 지상 도처에서 공습과 추격을 받아가면서 죽음의 행렬을 거쳐 8월 31일에야 간신히 살아남은 패잔병이 버어마 국경을 넘어 친도윙 강(江) 서쪽으로 철수를 완료하였다.

이때 왜군은, 10만 명의 병력이 2만 명 미만으로 감소될 정도로 대패전의 고배를 마셨다. 이로하여 하변(下邊)을 비롯한 제15군 사령관 및 각 사단장 등 많은 장성급과 참모들이 패전의 책임을 지고 파면, 예편, 또는 교체되었다.

광복군 공작대가 인·면 지구에 파견된 이래 처음으로 참전했던 것이 임팔 작전이었으며, 이 작전에서 우리 공작대는 실력을 충분히 발휘하여 연합군으로부터 높은 평가를 받았는데, 영국 본토에서 간행하는 많은 신문들은 우리 공작대의 성과를 대서 특필로 격찬해 주었다. 여기 특기해 둘 것은, 왜군 제15사단 사령부에 통역관으로 근무하던 김구락(金龜洛)이, 우리 공작대가 임팔에서 활약하고 있는 것을 탐지하고 일본 군영을 탈출해 온 사실이었다.

김구락은 일찍이 인도 캘커타에서 8년간이나 거주한 사실이 있고, 영·중·일어(英·中·日語)등에 능통한 사람으로 인도에 거주할 때 왜인이 경영하는 고무 공장장으로 종사하다가 태평양 전쟁이 일어나자 철거하여 중국 상해(上海)에 거류하고 있었는데. 외국어에 능통하다는 이유로 왜군에 강제 징용되어 제15사단 통역관으로 끌려 나왔던 것이다. 투항해 온 김구락의 제공으로 귀중한 정보가 영국군에게 보고된 것은 두 말할 필요도 없는 일이다.

당시 우리 공작대에서는 김구락은 대열에 가담시키려고 애썼지만, 일찍이 인도에 거주할 때 일본 거류민 철수 업무에 몇 개월 도와 준 사실이 영국군 정보 기관에 확인되어 대열에 참가하지 못했다. 그리고, 연하바군 측에 귀순한 일본군 장병들은 이구 동성(異口同聲)으로, 한국 광복군이 인도·버어마 전선까지 참전하고 있는 사실에 정신적으로 큰 충격을 받았다고 고백하기도 하였다. 임팔 대회전의 결과는 왜적의 포로만도 3천 명이 넘었으며, 노획한 무기는 이루 헤아릴 수 없을 정도였다. 그리고, 도처에 버리고 간 적 시체의 냄새는 연합군이 행군을 꺼릴 정도로 참혹사이었다.

무모한 임팔 작전을 전개했다가 참패를 당한 왜적 제15군 사령관 모전구 염야(牟田口廉也)는 본시 임팔 작전 계획 수립의 원흉으로서 이 계획을 소위 왜군 대본영의 인가를 받게 되기 까지는 약 6개월의 시일을 소요했다는 것이다. 이 계획은 첫째, 인도 레드에서 중국 운남(雲南)으로 원조 물자를 수송하고 있는 레드 공로(公路)를 차단하는 것, 둘째, 인도를 영국의 식민지 통치하에서 이탈하게 하여 사보스·찬드라·보스를 수령으로 하는 인도의 괴뢰정권을 수립하는 것, 셋째, 과달카날 등 태평양 지구 여러 곳에서 패전을 거듭하고 있는 전황을 전환시켜서 침체된 왜군의 사기를 진작하는 것 등에 목적이 있었다고 한다.

그리고, 적 사령관 모전구는 이 작전을 위해 수송용 코끼리 수백 마리와 식량에 보탤 양(洋) 수천마리를 끌고 갈 정도로 만반의 작전 준비를 다 하였지만 결국은 연합군의 우세한 항공기 및 기계화 장비 앞에 굴복하게 된 것이었다.

임팔 작전 승리 후 이곳을 철수한 우리 공작대는 캘커타에서 약 1개월의 휴식을 즐긴 다음 재정비 훈련을 마치고 아샘주(州)) 치타공(Chitagont)으로 이동하여 새로운 임무를 수행하기 위한 만전의 태세를 갖추었다.

그리고, 전열을 가다듬는 연합군은 1945년에 접어 들면서 버어마 지구 왜적에 대한 총 반격을 개시하였으며, 이에 따라 광복군 공작대로 3개 반으로 나누어 각 부대에 배치되었다. 한지성(韓志誠 소령)·박영진(朴英晉)·김성호(金誠浩) 는 버어마 중부로, 문응국(文應國)·송철(宋鐵)은 해상(海上)으로부터 버어마 수도 랭구운(Langoon)을 목표로 진격하는 상륙작전에 각각 참전하게 되었으며 안원생(安原生박)은 동남아 전구 사령부에 배속되고, 나동규(羅東奎)는 신병으로 인하여 중경 총사령부로 복귀하였다.

이때부터 버어마 지구의 왜군은 제공권을 완전히 잃어버린 데다가 북부로 부터는 미·중(美·中) 연합군 〈중국군 제36사단에는 최덕신(崔德新)이 정보 참모로 활약〉이 중부와 남부 해상으로부터는 영·인(英·印) 군의 포위 작전에 부딪쳐 패전에 패전을 거듭했으며, 연합군은 승승 장구로 계속적인 진격과 포위 섬멸 작전을 전개하여 많은 전과를 올리면서, 1945년 7월 초까지 결정적인 승리를 거두게 되었던 것이다.

한편, 버어마 북부 국경을 넘어 중국 운남성 일각인 납맹(拉孟)·등월(藤月)·평하(平夏) 등 군사 요충을 점거했던 왜적도 위입황(衛立煌)이 지휘하는 중국군의 집중적인 공격으로 완전히 섬멸되고 말았다.

이 해 7월 중순경, 우리 공직대는 새로운 작전에 참가하기 위하여 다시 캘커타로 집결하였는데 영국군에서 왜구의 무조건 항복 제의 정보를 입수한 것이 8월 7일이었으며, 이것은 미국 공군이 왜구 본토 광도(廣島)에 원자 폭탄을 투하한 날 밤이었다.

이러한 정세 하에서도 영국군 동남아 전구 사령부에서는 우리 공작대가 그대로 인도에 남아서 전후 포로 처리 문제 등에 협력해 달라는 요청이 있었다.

그러나, 광복군의 입장에서 볼 때, 하루 속히 광복군 총사령부로 복귀하여 새로운 임무를 받아야 할 실정이었기 때문에 영국군의 양해와 광복군 총사령부의 명령에 따라 1945년 9월 10일, 공작 대원들은 만 2년 만에 전원 중경 총사령부로 개선하였다.

이 인·면 지구 전쟁에서는 연합군 측도 적지 않은 희생자를 냈다. 그 중 특히 우리 공작대의 연락 장교로 파견되어 시종 광복군 공작대와 고락(苦樂)을 같이 하다가 버어마 중부 전선에서 애석하게도 전사한 베이콘(Baecon)의 최후는 광복군 공작대 전원에게 큰 슬픔을 안겨 주었다. 그는 캐나다 사람으로 전전(戰前)까지 한국에서 10여년간 감리교회 선교사로서 포교 사업에 종사하여 한국 국민에 대한 이해와 우정이 깊었으며 유창한 한국어를 구사하면서 한국 독립운동에 음으로 양으로 협력을 아끼지 않았다.

그리고 버어마 총사령부에서는 다시 조지영(趙志英)·이병훈(李秉勳)·진가명(陳嘉明)·황민(黃民)〈김승곤(金勝坤)〉·왕영재(王英哉)·진춘호(陳春湖)·여정선(呂正善)·호건(胡建)·김빈(金斌)등을 추가 파견하려고 여권(旅券) 수속까지 완료하고 대기 중 버어마 작전의 종결로 중단되었다.

OSS에 관하여

1942년 2월, 남태평양 지구 과달카날 섬에서 첫 승리를 거둔 미군은, 강적 왜군을 완전히 타도하기 위하여는 무엇보다도 현대전을 수행함에 있어서 중요 불가결한 분야인 첩보 및 전략 지원 문제 등을 소홀히 할 수는 없었다.

그리하여, 3월에는 월드 빌 도노반(Gen Donavan) 장군에 의하여 정보 협조처(Col)rk 창설되었는데, 이 기구는 현역 및 퇴역의 정보 계통 장교는 물론, 과학자·언론인·기술자·동양계 2세(二世) 등 아시아 각 국어(國語)에 능통하고, 첩보에 능숙한 전문가를 총망라하여 대통령 직속 하에 둔 첩보 기관이었다. 그리고, 이 기구는 전쟁이 점차 확대되면서 필요에 따라 OSS (전략정보처)〈Officd of Strategic Service〉로 개편 확충 되었으며, 제2차 세계 대전 후에는 다시 중앙 정보국(CIA)개편된 것이었다.

이 기구의 임무는 체포한 적 포로의 심문, 노획한 적 문서 번역, 적측의 라디오 방송 청취, 군사 무전 암호의 포착 해독 등 기본적인 첩보, 수집 활동은 물론, 한 걸음 더 나아가 적극적인 방법으로는 적 지구에 침투하여 군사 정보를 수집하여 암호 무전에 의한 통보, 애국적인 현지 주민을 규합하여 거점을 구축하는 동시 반전적(反戰的)인 유언비어의 전파, 파업 선동, 쿠데타 감행. 군사시설의 파괴, 적측 요인 암살 및 납치, 우군 포로의 구출, 그리고 필요할 때에는 무력에 의한 게릴라 작전 실시 등 광범위한 임무 기능을 구비한 특수 작전 부대〈특전단〉의 조직인 것이다.

이러한 특수 작전의 임무를 수행하는 요원은 장기간에 걸친 교육 훈련을 쌓아야 하며 무엇보다 건강한 체력과 희생적 정신, 불굴의 투지를 갖추고 또 애국심에 불타는 적임자라야 했다.

이 전략 정보처(OSS)의 특수 첩보 및 게릴라 부대는 1942년 7월부터

1944년 10월까지 미국의 C·B·I(중국·버어마·인도) 지구 총사령관 스틸웰 장군 지휘하에 예속되어, 인도·버어마·작전지역에서 활약하고 있었는데 여기에는 윌리엄즈 대령·피어스 대령(전 8군 부사령관)·에이플러 대위 등 간부로 구성된 특수 부대 요원이 파견되어 특수작전을 전개하였으며, 미국의 저 유명한 원장(援藏) 루우즈 스틸웰 공로(公路) 〈레드 공로(公路)〉 개통 작전에 큰 공적을 쌓았다. 즉 1943년 10월부터 스틸웰 장군 지휘하에 인도령 람감에서 새로운 장비와 훈련을 받은 중국군 신편 6개 사단과 미국의 보병여단 및 공병단, 공군 14 항공단 등을 동원하여 북부 버어마를 공격, 이를 개방하고 인도에서 중국 운남(雲南)으로 통하는 레드 공로(후에 스틸웰 공로로 개칭함)를 건설하는 데 만 1년 이상이 걸렸는데, 이 기간 중 특수 작전 부대의 활약 성과는 지대하였던 것이다. 그때까지도 버어마에서 운남으로 통하는 버어마 루우트는 왜적에 의하여 사용 불가능 상태에 있었기 땜누에 새로운 원장(援藏) 루우트는 왜적에 의하여 사용 불가능 상태에 있었기 때문에 새로운 원장(援藏) 루우트를 개통하게 된 것이었다.

1944년 10월 18일, 스틸웰 장군과 장개석 위원장고의 불화로 인하여 장 위원장의 강경한 해임 요청으로 스틸웰 장군이 장군이 중국을 떠나게 되자, 미국의 C·B·I 작전 지역은 두 지역으로 분리되었는데, B·I(버어마·인도) 지구는 설탄 중장이 C(중국) 지구는 웨드마이어 중장이 각각 지휘하게 되면서 중국 운남성 곤명(昆明)에 주 중국 OSS 본부가 새로 설치되었으며, 그 지휘관에 미공군 제14항공단 사령관이며 장개석 위원장과 가장 친근한 첸놀트 장군이 겸임하게 되었다.

임시 정부 및 총사령부의 승인과 중국 군사 위원회의 동의를 얻게 되자, 3월 말에 중국 OSS 본부에 한국통인 웜스 대위(한국에서 선교사로 있던 웜스 목사의 영식)가 부임하여 한국 담당 부서의 책임자가 되면서 이 계획은 급속도로 진행되었고, 4월에 제2지대장 이범석(李範奭) 장군의 중경 회담 등을 거쳐 마침내 제2지대 및 제3지대에 OSS 훈련반 설치가 실현하게 된 것이었다. 더욱이 1월 하순경에는 임천(臨泉) 한광반 출신의 학도병을 중심으로 50여 명의 애국 청년이 도착하게 되어 한 때 소침 상태에 있었던 일시 정부와 총사령부는 활기를 되찾은 감이 있게 되었으며, 또 이들의 중경 도착 소식은 중국 정부는 물론 연합국측에도 광복군에 대한 새로운 인식을 불러 일으키게 되었던 것이다.

이 때는, 연합군이 필리핀 본토 상륙 작전에 성공하여 점차 전과를 확대 중에 있었으며 멀지 않아 충승(충繩)을 거쳐 일본 상륙 작전을 전개할 단계에 있었다. 그리고, 장차 한국에 상륙하여 중국으로부터의 왜적의 퇴로를 차단할 수 있다는 전략적 가치를 판단할 때였으므로 한국 광복군의 활용 가치가 크다는 것을 새삼 인식하게도 되었던 것이다.

이와 때를 전후하여 주 중국 영국 대사관내에 첩보 공작을 위한 한국 광복군 요원드리 활약하여 대단한 성과를 올리고 있는 실정을 알게 된 미국 대사관측은 새로히 '한국인 공작반(Korean Group)'을 신설하였으며, 여기에 안우생(安偶生) · 송면수(宋冕秀) · 진춘호(陳春湖) · 안병무(安炳武) · 박영만(朴英晩)등이 파견되어 첩보 작전에 협력하고 있었는데 이들도 한국 광복군에 대한 인식을 그들에게 새롭게 하는 데 공로가 컸으며 OSS 문제가 실현되기까지 양으로 음으로 뒷바라지한 노고도 적지 않다.

이러한 시기적인 성숙과 여건의 조성, 그리고 한 · 미 합작의 진지한 교섭의 진전으로 인하여 제 2지대와 3 지대에 각각 무전 통신을 비롯한 OSS 교육훈련을 정식으로 실시하게 된 것은 5월부터였다. 제2지대는 섬서성(陝西省) 성정부(省政府)와 제1전구 호종남(胡宗南) 사령부가 위치한 서안(西安) 남쪽 지대 본부가 주둔하고 있는 두곡(杜曲) 동남으로 약 20킬로 떨어진 험준하 종남산(終南山) 산록에서 애국심에 불타며 학력 있고 신체 건강한 20대 청년 대원 90명이 선발되어 무전·파괴·정보 교육을 받게 되었다.

1938년 10월 ~ 1939년 9월	1939년 11월 ~ 1940년 12월	1941년 1월 ~ 1942년 3월	1942년 4월 ~ 1945년 8월
한국광복진선 청년공작대	한국 청년전지공작대	한국광복군 제5지대	한국광복군 제2지대

한국 광복 진선 청년 공작대(1938년 10월 현재)

대장: 고운기(高雲起)〈공진원(公震遠)〉

대원

김동수(金東洙)·박영준(朴英俊)·노복선(盧福善)·이재현(李在賢)

진춘호(陳春浩)·이하유(李何有)·전태산(全泰山)·마초군(馬超軍)

지달수(池達洙)·민영구(閔泳玖)·이우송(李又松)·한대원(韓大元)

김인(金仁)·유평파(劉平波)·조시제(趙時濟)·김원영(金元英)

김진헌(金鎭憲)·김석동(金奭東)·이윤장(李允章)·지정계(池正桂)

이윤철(李允哲)·방순희(方順熙)·김병인(金秉仁)·김효숙(金孝淑)

신순호(申順浩)·연미당(延美堂)·오광심(吳光心)·오희영(吳姬英)

지복영(池福英)·추가1명

오희옥(吳姬玉)·이국영(李國英)·맹조화(孟兆和)〈중국인〉 이상 34명.

한국 청년 전지 공작대 편제 (1939년 11월 현재)

대장 나월환(羅月煥)		
부대장 김동수(金東洙)		

군사 박기성 조장 (朴基成)	정훈 이하유 조장 (李何有)	선전 이재현 조장 (李在賢)

한국 광복군 제2지대 편제 (본부)　　　〈1945년 5월 현재〉

지대장 이범석(李範奭)		

비서장봉상(張鳳祥) 부관오성행(吳成行) 부 관 서곤(徐昆)	지대부 뇌진(雷震)			OSS 책임 장교 써전트 소령
	김마리 金馬利)	엄익근 嚴益根	송영집 (宋永集)	무선 책임 장교
	민영주 (閔泳珠)	전태산 (全泰山)		미군 정운수 중위(鄭雲樹)

구대부 (區隊附)	제2구 대장	제3구 대장	부조장 (副組長)	총무 조장	공작 조장
김유신 (金有信)	노태준 (盧泰俊)	노복선 (盧福善)	이재현 (李在賢)	노복선 (겸)	이재현 (겸)
					부조장(副組長)
1·2·3 분대장	구대부 (區隊附)	구대부 (區隊附)	정훈조장	서 무 (書務)	김천성(金天成)
박재화 (朴載華)	지달수 (池達洙)	백정현 (白正鉉)	송면수 (宋冕秀)	최동균 (崔東均)	조 원
김의원 (金義元)	1·2·3 분대장	1·2·3 분대장	조 원	김용주 (金容珠)	김용주 (겸) / 백정현 (겸)
이해순 (李海淳)	장이호 (張利浩)	강정선 (康禎善)	한형석 (韓亨錫)	김석동 (金奭東)	김찬원 (金贊元) / 김유신 (겸)
	한광 (韓光)	허영일 (許永一)	민영수 (閔泳秀)	김용의 (金容儀)	서곤 (겸) / 이해순 (겸)
	최전 (崔全)	최철 (崔鐵)	이윤장 (李允章)	맹조화 (孟兆和)	정일명 (鄭一明) / 장이호 (겸)
			이덕산 (李德山)		이욱승 (李旭昇) / 한휘 (韓輝)
				의무실	김형철 (金亨鐵) / 최전 (겸)
제1구 대장				최동인 (崔東仁)	
안춘생 (安春生)				안영희 (安英姬)	

2. 제2지대

지대장(支隊長)	이범석〈李範奭〉
지대부(支隊附)	뇌진(雷震)
비서(祕書)	장봉상(張鳳祥)中〉
부관(副官)	오성행(吳成行) 서곤(徐昆)
OSS 책임자(責任者)	씨어젠트 소령〈美〉
무전교육 책(無線敎育責)	정운수(鄭雲樹)〈美〉
정훈조장(庭訓組長)	송면수(宋冕秀)
부조장(副組長)	이재현(李在賢)〈李海平〉
조원(組員)	한형석(韓亨錫)〈韓悠韓〉 민영수(閔泳秀)
	이윤장(李允章)〈李華英〉 이덕산(李德山)
총무조장(總務組長)	노복선(盧福善)
서무(書務)	최동균(崔東均)〈崔一成〉
조원(組員)	김용주(金容珠) 김석동(金奭東)
	김용의(金容儀) 맹조화(孟兆和)
공작조장(工作組長)	이재현(李在賢)
부조장(副組長)	김천성(金天成)
조원(組員)	김용주(金容珠) 김석동(金奭東)
	김용의(金容儀) 백정현(白正鉉)
	김찬원(金贊元) 김유신(金有信)
	서곤(徐昆) 이해순(李海淳)
	정일명(鄭一明) 장이호(張利鎬)
	이욱승(李旭昇) 한휘(韓輝)

		김형철(金亨鐵) 최전(崔銓)
군의(軍醫)		최동인(崔東仁)〈金敬寅〉안영희(安英姬)
본부 요원(本部要員)		김마리(金瑪利) 엄익근(嚴益根)
		송영집(宋永集) 민영주(閔泳珠)
		전태산(全泰山)

제1구대

구대장(區隊長)	안춘생(安春生)〈王街〉
대부(隊附)	김유신(金有信)
1분대장(分隊長)	박재화(朴載華)
2분대장(分隊長)	김의원(金義元)
3분대장(分隊長)	이해순(李海淳)

대원(隊員)

조원구(趙源九)	이월봉(李月峰)	이지홍(李志鴻)
박인숙(朴仁淑)	신영묵(申榮黙)	박익득(朴益得)
박금동(박金童)〈朴韓植〉	홍재원(洪在源)	조순옥(趙順玉)
장준하(張俊河)	김준엽(金俊燁)	김유길(金柔吉)〈李英三〉
홍기화(洪基華)〈許相信〉	문말경(文末景)	이호길(李浩吉)
이준승(李濬承)	김성근(金星根)〈安勤〉	오건(吳建)
김욱배(金旭培)	이순승(李淳承)	김두환(金斗煥)
이동환(李東煥)	이도순(李道淳)	이원범(李元範)〈李秀範〉
최문식(崔文植)〈문화평〉	강일성(江一成)	이삼녀(李三女)

이경녀(李敬女)	황삼룡(黃三龍)	유덕량(劉德亮)
강창복(康昌福)	이우성(李宇成)	이건림(李建林)
김동걸(金東傑)	안일용(安一勇)	백준기(白俊基)
박명광(朴明光)	허봉석(許鳳錫)〈羅光〉	최간란(崔澗蘭)
윤태현(尹泰鉉)	한정임(韓貞任)	김세용(金世用)
김복성(金福成)		

제2구대

구대장(區隊長)	노태준(盧泰俊)
대부(隊附)	이달수(李達洙)〈池達洙〉
1분대장(分隊長)	장이호(張利浩)
2분대장(分隊長)	박훈(朴勳)〈韓光〉
3분대장(分隊長)	최전(崔銓)

대원(隊員)

이하유(李何有)	오동수(吳桐秀)〈吳庶熙〉	김해성(金海星)
임재남(林裁南)	이계현(李啓玄)〈李光仁〉	김봉식(金鳳植)
배아민(裵亞敏)	장덕기(張德祺)	최봉상(崔鳳祥)
임정근(林正根)	김영준(金永俊)	정정산(鄭正山)
고여순(高如順)	박영섭(朴永燮)	조광선(趙光善)〈趙水吉〉
김명택(金明澤)	지창순(池昌順)	장경숙(張景淑)
김용(金湧)〈金福信〉	이한기(李漢基)	전일묵(田一黙)
이우향(李宇鄕)	이운학(李운학)〈王志誠〉	정순옥(鄭順玉)

배옥순(白玉順)	동빙석(童邦石)〈童龍一〉	이지성(李志成)
임소녀(林少女)	신국빈(申國彬)	김상을(金商乙)
노성환(盧星煥)	한종원(韓宗元)	이동학(李東學)
송석형(宋錫亨)〈宋榮起〉	김성율(金聲律)	송수일(宋秀一)
안국보(安國寶)	고철호(高鐵浩)	최창모(崔昌模)
전성윤(田成胤)	김숙영(金淑英)	안정숙(安貞淑)

제3구대

구대장(區隊長)	노복선(盧福善)〈염
대부(隊附)	백정현(白正鉉)
1분대장(分隊長)	강정선(康情善)
2분대장(分隊長)	허영일(許永一)
3분대장(分隊長)	최철(崔鐵)〈崔佑均〉

대원(隊員)

선우기(鮮宇基)	김도제(金道濟)〈金鉉〉	장철(張鐵)
이명(李明)	염재항(廉梓恒)〈廉波〉	이보비(李寶婢)
문학준(文學俊)	박지호(朴芝鎬)	최군삼(崔君三)〈崔雲龍〉
이정선(李正善)	최복련(崔福蓮)	박성화(朴成和)〈朴相卜〉
이한성(李漢成)	이준명(李俊明)	장두성(張斗星)
김운백(金雲白)	왕태일(王泰鎰)〈王泰日〉	김선옥(金先玉)
정상섭(鄭相燮)	박규채(朴圭彩)〈朴一成〉	송창석(宋昌錫)
계의성(桂義成)〈韓悠明〉	한경수(韓景洙)	김명천(金明天)

석호문(石鎬文) 윤치원(尹致源) 신덕영(申悳泳)

정인교(鄭仁敎) 노능서(魯能瑞)〈徐俊哲〉 김영호(金榮鎬)〈朴德永〉

석근영(石根永)〈尹致民〉 김춘정(金春鼎)〈朴雪〉 김덕원(金德元)

김중호(金仲浩)〈許昇龍〉 윤재현(尹在賢) 태윤기(太倫基)〈林光〉

구자민(具慈民)〈具慈根〉 김성갑(金成甲) 이종무(李鐘鵡)

장재민(張在敏) 박수덕(朴樹德) 박승렬(朴承烈)

박춘규(朴春圭) 남지현(南智鉉) 김성환(金聖煥)

제2지대 3구대 3분대 (3전구) 남경(南京) 지하 공작 특파원

조일문(趙一文) 이일범(李一凡)

9전구 지역 파견원

이병곤(李炳坤)〈昆明〉 김귀선(金貴先)

적 점령(占領) 지구 내 협조자 (제2지대)

노안(潞安)지역:

이서룡(李瑞龍) 차영철(車永澈) 정태희(鄭泰熙)

정기주(鄭起周) 권혁상(權赫祥) 정윤희(鄭允熙)

정영순(鄭英淳)

신향(新鄕) 수무(修武) 지역

인순창(印淳昌) 김진호(金振鎬)

낙양(洛陽) 지역

홍구표(洪鳩杓)   김기도(金基燾)   최창희(崔昌熙)

　1945년 8월 광복군 제2지대가 한국광복군 국내정진군(廷進軍)으로 개편됨에 따라 정주 공작조는 정진군 제1(洛陽) 중대로 편성되었으니 중대장에 장이호(張利鎬)·중대 선임장교에 홍구표(洪嶇杓)가 임명되고 中隊 간부에 최일용·김기도·박영래(朴永來)·김정경(金鼎卿) 등이 임명되었다.

한편 2지대에서는 조국 광복 전에 앞장 설 것을 다짐하고 활동하는 장병들의 독립정신, 항일 사기를 보다 더 앙양하기 위하여 항일 군구(軍歌)를 지어 이를 전 군에 보급하였으며, 장병들은 교육 훈련을 받는 동안은 물론, 집무, 활동 중에도 단체로, 개인으로 이러한 항일 구국 정신이 담긴 군가를 부르며 조국의 독립 쟁취를 맹세하였다. 이러한 군가들은 대개 이 범석 지대장을 위시하여 신덕영(申悳泳)·이재현(李在賢) 등에 의하여 작사(作詞)되고, 예술 방면 활동을 전담하던 한 유한(韓悠韓)에 의하여 작곡되었는데, 1943년 10월에는 '광복군 제2지대 군가집' 1·2집이 인쇄 배포 되었으며 또 일부는 중국문으로 번역되어 '항전 가곡집(抗戰歌曲集)'으로 서안(西安)의 황하 출판사(黃河出版社)에서 발행되기도 하였다. 이 때 제2지대에서 작사 작곡되어 장병들간에 널리 불리어지던 노래로는, 전 장병들이 매일 아침 지대 광장에 모여 태극기를 올리면서 멀리 조국을 향하여 우렁차게 부르던 '국기가'를 위시하여 광복군 제2지대가·압록강 행진곡·출정·아리랑 행진곡등의 군가와 조국의 어머니·흘러가는 저 구름·여명의 노래·고향의 달밤·건설하자 새 대한 등등의 가곡이 있는데, 이러한 군가와 가곡은, 조국 광복을 위하여 밤낮없이 고심 노력하던 광복군 용사들로 교육 훈련과 이런 활동에 한층 더 활치를 떨치게 하였던 것이다. 26) 여기서 그 중의 몇 편을 적어 보면 아래와 같다.

〈국기가(國旗歌)〉 　　　　　　　　　　　　　이범석(李範奭) 작사

우리 국기 높이 날리는 곳에

3천만의 정성 쇠같이 뭉쳐

맹세하네 굳게 태극기 앞에

빛내라고 깊게 배달의 역사

〈광복군 제2지대가〉 　　　　　　　　　　　이해평(李海平) 작사

총 어깨 메고 피 가슴에 뛴다.

우리는 큰 뜻 품은

한국의 혁명 청년들

민족의 자유를 쟁취하려고

원수 왜놈 때려 부시려

희생적 결심을 굳게 먹은

한국 광복군 제2지대

앞으로 끝까지 전진

앞으로 끝까지 전진

우리 조국 독립을 위하여

우리 민족의 해방을 위해

〈조국 행진곤〉 　　　　　　　　　　　　　신덕영(申悳泳) 작사

1. 팔도 강산 울리며

태극기 펄펄 날려서

조국 독립 찾는 날 눈앞에 멀지 않았다.

백두산은 높이 압록강은 깊이

우리들 바라보고 있고,
지하에서 쉬시는 선렬들
우리만 바라보시겠네.
험한 길 가시밭 길을
헤치고 넘고 또 넘어
조국 찾는 영광(榮光)길
힘차게 빨리 나가자.

2. 독립 만세 부르며
태극기 펄펄 날려서
조국 독립 찾는 날
눈 앞에 멀지 않았다.
아름다운 산천
사랑하는 동포
우리는 만나 볼 수 있고
한숨 쉬고 기다린 동포는
기쁨에 넘쳐 춤추겠네.
험한 길 가시밭 길을
헤치고 넘고 또 넘어
조국 찾는 영광 길
힘차게 빨리 나가자.

〈압록강 행진곡〉   박영만(朴英晩) 작사
우리는 한국 혁명군

조국을 찾는 용사로다

나가 나가 압록강 건너

백두산 넘어가자

우리는 한국 광복군

악마의 원수 쳐 물리자

나가 나가 압록강 건너

백두산 넘어가자.

－전주－ 우리 나라 지옥이 되어

모두 도탄(塗炭)에서 헤매고 있다 .

동포는 기다린다.

어서 가자 조국에.

등잔 밑에 우는 형제가 있다.

원수한테 밟힌 꽃포기 있다 .

동포는 기다린다.

어서 가자 조국에

우리는 한국 광복군

조국을 찾는 용사로다

나가 나가 압록강 건너

백두산 넘어가자.

〈흘러가는 저 구름〉   신덕영(申悳泳) 작사

1. 저산 넘어 저 멀리 흘러가는 저 구름

우리 나라 찾아서 가는 것이 아닌가.

떠나올 때 말 없이 떠나왔지만

타는 마음 끓는 피 찾을 길 없어
방랑의 길 탈출길 지나고 넘어
조국 찾는 혁명길 찾아왔으니
전해 다오 이내맘 저 구름아
전해 다오 이내맘 저 구름아

1. 저 산 넘어 저 멀리 흘러가는 저 구름
우리 나라 찾아서 가는 것이 아닌가.
떠나올 때 울면서 떠나왔지만
나리는 비, 찬 바람 어둠 속에도
위험한 길 싸움길 드나들면서
혁명가의 나갈 길 걷고 있으니
전해 다오 이내맘 저 구름아
전해 다오 이내맘 저 구름아

그리고 또 제2지대에서는, 일찍이 청년 전지 공작대(靑年戰地工作隊) 시대에도 공연을 가진 바 있는 일제 침략주의에 대한 우리 민족의 항쟁 및 청년 용사의 활동을 소재로 하는 '아리랑'·'한국의 한 용사'등 극본을 서안(西安)시내의 극장, 공공시설 및 보계(寶鷄)·한중(漢中) 지방에까지 나가 공연하여 우리 장병의 사기를 앙양하고, 중국인들에게 우리의 독립 정신, 구국 활동에 대한 새로운 인식을 주었으며, 또 이 범석 지대장의 만주 방면 활동 중의 생활을 소재로 하는 소설 '북극 풍정화(北極風情畵)'를 펴내어 중국인들에게 많은 감명을 주기도 하였다.

1900 年   10월 20일 서울 龍洞(현재 明洞) 出生「全州李氏 廣平大
君 17代孫定安副正公波」

1915 年   京城高等普通學校(現 京畿高等學校) 3學年때 夢陽 呂運亨
先生의 勤誘를 받은 바 있어 中國으로 亡命하시다.

1919 年   中國雲南陸軍講武學校 騎兵科(葉劍英將軍과 同期) 第12
期 卒業李會英兄弟분이 設立하신 滿洲 東三省 新興武官學
校 練成隊 隊將 歷任

1920 年   北路軍政署敎官, 士官練成所 敎授部長으로 獨立軍을 養
成하여 김좌진(金佐鎭, 1889~1930) 將軍의 揮下에서 靑
山里 血戰을 指揮하여 찬란한 大戰果를 거두시고 高麗革
命軍 騎兵隊長으로 抗日戰을 繼 續.

1922 年   合同民族軍 綏芬地區 指揮官에 就任하여 蘇聯革命戰에 參
加하였으나 背信當한 후부터는 蘇聯軍과 交戰하다.

1928 年   中國 東北抗日軍 黑龍江省作戰課長으로 抗日戰을 계속하
던 중 日本軍의 追擊을 받아 馬占山將軍과 같이 越境 當
時 中國軍 少將의 資格으로 入蘇하여 歐洲軍事視察團에
參加 歐羅巴 各國視察.

1933 年   中國洛陽軍官學校 韓籍軍官隊長에 就任.

1936 年   中國陸軍 第三路軍 參議給 高級參謀(中國軍少將) 中國軍
第三集團 軍 第50軍團參謀處長 就任.

1940 年   中國軍 中央訓練團 韓人中隊長에 就任.

1941 年	韓國光復軍을 創設하여 參謀長(少將)에 就任.
1942 年	光復軍 第二支隊長에 就任. 美軍과 聯合作戰을 企劃하다.
1945 年	光復軍 參謀長(中將)에 就任하여 任務遂行中 祖國光復으로 還國하시다.
1946 年	還國後 民族至上, 國家至上 理念下에 民族의 基幹이 될 靑年養成을 目的으로 民族靑年團을 創設하여 團長에 就任.
1948 年	大韓民國 政府樹立後 初代 國務總理兼 國防部長官에 就任.
1950 年	駐中韓國大使로 任命받아 赴任.
1952 年	內務部長官에 就任. 自由黨을 創黨 副統領으로 立候補.
1953 年	6個月間 歐美各國의 政治軍事政勢를 視察.
1961 年	忠南地區에서 參議院議員에 出馬 當選.
1963 年	5.16 후 民族復歸를 위하여 統合野黨을 目標로 하여「國民의 黨」創黨 最高委員에 就任.
1972 年	5月 11日 午前 午時 45分「서울 特別市 中區 明洞2街 1番地」聖 母病院에서 逝去.
1972 年	5月 10日 中華民國 中華學術院 名譽哲學博士 學位 받음.
1972 年	5月 17日 午前 10時 南山廣場에서 國民葬으로 擧行 國立墓地愛國 志士 第2墓地에 安葬.
	著書:"血戰(靑山里作戰)""民族과 靑年""放混의 情熱""톰스크의 하늘아래""우등불""其他 中國語作品 多數"
	作詞作曲: 新戰死歌, 光復獨立軍歌.

夫人 金瑪利亞 女史

西紀 1909 年 9月 5日 平安南道 平壤市에서 出生

西紀 1970 年   12月 25日 午前 2時 15分 新堂洞 自宅에서 逝去

西紀 1972 年   5月 17日 午後 2時 光州郡 先塋에서 移葬하여 合葬.

부록 5. 제2지대 대원명부

성명	별명	구대	성명	별명	구대	성명	별명	구대
姜大浩			金明秀		3	金榮鎬		
姜善中			明明天		2	金 勇		
黃元淳			金明澤			金龍得		
姜一成			金炳洙		1	金容儀		
姜禎善			金福成		2	金容珠		1
姜昌福			金鳳植			金旭培		3
桂義成		1	金副貞			金雲白		본부
高如順		3	金相萬			金柔吉		1
高龍成		1	金商乙		2	金美元		1
高撤浩		3	金尙俊			金義元		
具康會		2	金奭東			金任中		
具康民			金碩宗			金晶卿		
具滋琮		2	金善玉		3	金正長		
權赫鮮			金成甲		3	金延鎬		
金甲永		3	金成根			金重洙		
金敬寅			金聖東			金住顯		
金權植			金聲律		2	金俊燁		1
金貴先			金成浩		인·면	金俊哲		
金基曮			金聖煥		3	金仲浩		3
金基泰			金世用		1	金重熙		
金能泰		파견	金世昊			金振鎬		지하
金德基		지하	金淑英		2	金贊元		본부
金德九			金岸經			金天成		본부
金道濟			金塋根			金春峰		
金東傑		3	金永錫			金春鼎		3
金東洙		3	金永善			金海成		2
金斗煥		1	金잠柱			金亨撤		본부
金滿斗			金榮俊			羅東奎		인·면
金滿澤		1	金榮珍					

성명	별명	구대	성명	별명	구대	성명	별명	구대
南知鉉			朴益得		1	宋 哲		
盧根浩			朴仁圭			宋海龍		
盧能瑞		3	朴仁淑		1	申光八		2
盧福善		본부	朴載華		1	申國彬		3
盧成煥		2	朴正起			申 泳		1
盧泰俊		2	朴芝鎬		3	申榮黙		5
盧宙震		본부	朴春圭		3	申昌連		5-3
盧邦石		2	朴春植			沈定基		2
柳鶴柱			朴孝仁			安國寶		6
孟兆和		본부	朴燃勳方		2	安炳甲		6
陸聖均			南 錫			安炳表		1
文末景		1	裵亞敏		2	安一勇		2
文應國		인·면	白玉順		2	安貞淑		1
文學俊		3	白正鉉		본부	安春生		
閔泳秀		본부	白俊基		1	梁福之		
閔定植			沁相午			嚴亨燮		3
朴圭彩		3	卞秀練			嚴宰恒		1
朴景熙			徐 昆			吳 健		
朴金童		1	石根永			吳景鎬		2
朴萬出			石榮峰		본부	吳桐秀		본부
朴明光		1	石鎬文		3	吳成行		
朴瑞植			鮮于基		3	吳昌運		3
朴錫柱			孫慶生			王泰日		5
朴成和		3	孫永燦			元致英		1
朴樹德		3	孫種八			劉德?		
朴承烈		3	宋德澤			尹東秀		6
朴永根			宋曼秀		본부	尹永旻		
朴永來			宋錫斗宋			尹義榮		
朴永燮		2	錫 亨		2	尹日重		3
朴永源			宋秀一		2	尹在賢		
朴永晉		인·면	宋昌錫		3	尹致容		

성명	별명	구대	성명	별명	구대	성명	별명	구대
尹致源		3	李雲鶴		1	張景淑		2
尹泰鉉			李元範		1	張德祺		2
尹馥根		1	李元雨			張斗星		3
李建林		1	李月峯		1	張利浩		2본부
李敬女		1	李允章		본부	張仁培		
李啓玄		2	李一凡		지하	張在敏		3
李根福			李在賢		본부	張俊河		1
李根植		2	李正善		3	張 鐵		3
李奇鎬			李正用			全龍植		
李起源		지하	李丁鎬			田明秀		
李達洙		2	李鐘鵡		3	田成?		
李德山		본부	李鐘述			田一黙		6
李道淳		1	李鐘鎭		3	田倉錫		지하
李東學		2	李준明		1	鄭基周		4
李 明		1	李濬承		2	鄭文洛		4
李武憲		3	李志成		1	鄭相燮		3
李範奭		5	李志鴻		1	鄭小岩		4
李炳坤		본부	李喆洙			鄭順玉		2
李寶婢		파견	李泰植		2	鄭養黙		
李三女		3	李何有		2	鄭英淳		지하
李相杰			李漢基		3	鄭允熙		지하
李相晩			李漢成			鄭仁敎		3
李尙馥			李海根		본부	鄭一明		본부
李相用		5	李海淳			鄭正山		2
李相哲			李鉉九		1	鄭泰熙		지하
李瑞龍			李浩吉		지하	鄭玄錫		
李淳承		지하	印淳昌			鄭仁英		
李宇成		1	林景如		2	趙光善		2
李承奭		1	林少女			趙根學		4
李宇鄉			林良黙		2	趙基濟		
李旭昇		2	林正根		2	趙達植		3
		본부	林裁南					

성명	별명	구대	성명	별명	구대	성명	별명	구대
趙東聖			韓景洙		3			
趙淳玉		1	韓 光					
趙榮九			韓鎔甲					
趙源九		1	韓貞任					
趙一文		지하	韓宗元		2			
趙?玉			韓亨錫		본부			
池養爕		4	韓 輝		본부			
池昌順		2	咸次龍					
車永撤		지하	許鳳錫					
崔潤瀾		1	許永一		1			
崔君三		3	洪嶇均		3			
崔東均		本	洪基華		지하			
崔文植		1	洪明來					
崔文忽			洪亨均					
崔福蓮		3	洪在源					
崔鳳善		2	黃三龍		1			
崔奉柱					1			
崔俸鎭								
崔相?		인·면						
崔錫泰		지하						
崔元龍								
崔 銓		2본						
崔晶圭								
崔昌模								
崔昌熙		2						
崔 鐵		지하						
崔春?		3						
崔亨道		7						
崔鴻道								
崔熙相								
太倫基		3						
表基院		6						

한국광복군 제2지대의
태행산적후공작

한국광복군 제2지대의 태행산적후공작 〈1〉

한국청년전지공작대(한국광복군 제2지대 전신)는 백범 김구선생의 적극적인 지원 아래 중화민국 장개석 군사위원장의 인준을 얻어 1939년 11월 11일 중국 중경에서 창립되었다.

공작대는 나월환, 이종봉(하유), 박기성(구양군), 김동수(김강), 이재현(해평), 김인(백범선생 장자)등 30여명의 창립대원으로 발족, 1940년초 산서성 서안(장안)의 이부가에 공작대 본부를 두고 당시 중국의 제34집단군 사령관 호종남[1] 장군과 교섭하여 서안에 제일착으로 도착한 대원16명 전원이 중앙간부 훈련단 제4단에 한국청년특별반으로 입교하게 되었고, 이들 대원은 3개월 과정의 특별훈련을 수료하여 모두 소위로 임관하였다.

1940년 5월경 한국청년전지공작대 제1분대의 김강, 이해평, 김천성, 박영진, 김용주, 이월봉, 이삼녀 등 8명의 대원은 당시 새로 조직된 제34집단군 태행산유격대 정훈부에 배속되었다. 태행산 유격대 사령관은 중국 동삼성 일대에서의 빛나는 항일투쟁으로 그 명성이 중국 전역에 널리 알려져 있던 황우주[2] 장군이 맡고 있었다. 우리 공작대 제1분대 대원들은 「태행산

---

1) 호종남(胡宗南, 1896.4.4~1962.2.14), 1939년 이후 중국 국민당 제34집단군 총사령 겸 군령부 시안(西安) 지부 주임, 제8전구 부사령장관 및 사령장관 등을 역임하였다. 이때 대한민국임시정부 계열의 군사특파단(軍事特派團) 설치와 한국청년전지공작대(韓國靑年戰地工作隊) 및 한국광복군 총사령부의 시안(西安) 이전을 지원한 바 있다. 정부는 1999년에 건국훈장 독립장을 추서하였다. 〈독립유공자 공훈록 24권, 2019〉

2) 황우주(黃宇周, 1905~1998), 허난성 신야현 출신으로 1937년 노구교 사변이 일어나자 하북 유격대를 조직했다. 1938년 8월 7일 허난성 안양 수야 주둔지에서 일본군이 방비를 사열하는 틈을 타 수야봉기를 일으켜 일본군 나가

적후공작」의 임무를 띠고 적진에 투입, 8명의 대원이 황하를 건너 일본군 점령하에 있는 태행산으로 향했다. 당시 우리 –중국군과 한국독립군– 는 황하를 사이에 두고 일본군과 대치하고 있는 상황이었기 때문에 황하를 건너간다는 것은 목숨을 걸고 사지에 들어가는 것과 마찬가지였고 태행산은 그만큼 적후유격을 위한 전략적 요지였다.

우리들은 몇 차례의 위험한 상황을 극복하고 태행산 어귀의 능천에 도착, 이곳에 분대 본부의 거점을 마련하는데 성공했다. 우리 대원들은 태행산유격대 정훈부 왕서남 주임의 소개를 받아 당시 태행산에 주둔하고 있던 중앙군 제27군 군장 범한걸[3] 장군을 만났다. 중앙군 제27군은 마치 일본군의 포위망 속에 갇혀 있는 것처럼 가는 곳마다 일군이 진을 치고 있는 어려운 상황에서 외롭게 작전을 전개하고 있었다. 그래서인지 범군장은 동족 이상으로 우리를 반갑게 맞아주었고 모든 면에서의 아낌없는 지원을 거듭 약속했다. 범군장의 적극적인 지원에 힘입어 우리는 공작 계획을 치밀히 세우고 곧바로 실행해 나갔다. 분대본부는 김강 동지가 지키고, 김천성, 이해평은 일본군 제36사단(舞部隊井關사령관[4]) 주둔지 노안(장치)현을, 그리

카와 소장을 사살하고 일본 장,좌군관 16명을 섬멸하고 일본 장교 32명을 포로로 잡았으며, 한간 이복화를 사살했다. 신중국 설립 후 칭하이 고비사막 토양 개량 사업을 했다. 1974년 헤이룽장성 인민대표상위, 1976년 헤이룽장성 문사관 부관장에 임명된 뒤 헤이룽장성 정협 상무위원에 선출돼 헤이룽장성 문사관 명예관장을 지냈다. 1998년 93세로 병사.

3) 범한걸(范漢傑, 1894.10.29~1976.1.16), 광동성 가응부 대포현 출신, 국민혁명군 육군 중장으로 육군부총사령관, 동북토벌총부총사령관 겸 금주지휘소 주임을 거쳐 1948년 제2차 국공 내전 금주전투 때 해방군에 포로로 체포되어 전범관리소에 수감되었다가 1960년 제2차 특별사면으로 출감, 제4차 전국정협위원을 지냈다.

4) 舞部隊는 일본군 36사단 1대 사단장인 '舞 伝男(마이 뎬오)'의 성을 가르켜 舞

고 김용주, 바영진은 신향 방면을 맡기로 하고 각 조별로 공작에 들어갔다.

김천성, 이해평 조는 비교적 운이 좋았다. 범군장의 소개를 받아 장치현 망명정부 섭사경 현장과 접선, 지원을 요청했는데, 그의 적극적인 협력으로 섭현장 조직망을 손쉽게 활용할 수 있었다. 김천성 동지는 그들 조직의 도움을 받아 별 어려움 없이 노안성 안으로 잠입하게 되었고, 두어달도 채 지나지 않아 찹쌀떡가게를 성안에 차려 놓고 공작임무를 수행해나가기 시작했다. 이때 우리 분대원들은 범군장의 자금지원으로 활동했는데, 김천성 동지의 가게도 범군장의 공작자금 지원을 받아 차릴 수 있었다. 노안성 안의 찹쌀떡가게는 일본군의 감시를 피하며 한국 출신 일본군을 비롯하여 한국인 거류민들과 접선하는 공작 거점, 이른바 아지트였다. 이 가게를 거점으로 하여 펼친 김천성 동지의 활약은 참으로 대단했다. 김동지는 당시 일본군 제36사단에 군납을 하던 김형철을 포섭하여 광복군 동지로 전향시켰고, 김형철을 통해 일군 제36사단의 일등 통역관으로 근무하던 이도순[5]의 포섭에도 성공했다. 김천성 동지는 참으로 대담한 친구였다. 김형철로부터

부대라 부르고, 井關사령관은 2대 사단장 '井関 伋(이세키 미츠루)'를 뜻한다. 일본군 36사단장의 임기는 1대 舞 伝男가 1939.3~1940.8.2대 井関 伋가 1940.8.1~1943.2.28이다.

5) 이도순(李道淳, 1909.7.19~1969.11.28), 평북 의주(義州) 사람이다. 섬서성(陝西省) 서안(西安)에서 한국청년전지공작대에 입대하였다. 1940년 9월에 광복군이 편성됨에 따라 제5지대에 편입되었으며, 중국 전시군사간부훈련 제4단 한청반(韓靑班)에서 군사 훈련을 받았다. 1941년 12월에는 산서지구(山西地區)에서 적후방 공작요원으로 활동하다가 부대원간의 내분이 일어나 대장 나월환(羅月煥)을 암살하게 되었다. 이로 인하여 그는 15년 역형(役刑)에 처해졌다가, 후에 사면되어 광복군 제2지대로 편입되어 항일활동을 전개하던 중 광복을 맞이하였다. 정부에서는 고인의 공훈을 기리기 위하여 1990년에 건국훈장 애족장(1963년 대통령표창)을 추서하였다. 〈독립유공자 공훈록 5권, 1988〉

이도순을 소개받고 처음 만나 인사를 나누면서 우리 공작대 뿐 아니라, 광복군을 위해서도 절대적으로 필요한 인물이라고 판단, 처음 만나 인사를 나눈 지 며칠 지나지 않아 이도순과 담판을 벌였다. 아직 이도순의 성분이 파악되지 않은 처지라서 일이 잘못되는 날이면 우리 조의 공작은 하루 아침에 물거품으로 변할 것이 뻔한 일, 어찌보면 무모하기조차 한 일이었지만 김천성 동지는 정종 두병을 사들고 그를 찾아가 단도직입적으로 협력을 종용했다. 이도순 집에 들어선 김동지는 방문을 꼭꼭 걸어 잠그고 자기 신분을 밝혔다. 그리고 성안에는 이미 수십명의 공작대 동지들이 잠입하여 활약하고 있다고 말한 다음, 대한민국 임시정부를 위해 일해 줄 것을 요청했다. 이도순은 너무나 갑작스런 제의에 한참동안 망설였다. 그로서는 김동지의 신분을 확인할 방법이 없었고 따라서 김동지가 「태행산 유격대」의 대원인지, 또는 자신의 성분을 파악하기 위해 밀파한 일본군 특무대 첩자인지 알 수가 없었다. 난처한 입장에 놓인 이도순은 김동지에게 대한민국 임정에서 특파한 공작대원임을 증명할 수 잇는 문서나 신분증을 가져오면 협력 하겠다고 답했다. 김동지는 다음날 보여주기로 약속을 하고 섭사경 현장조직과 함께 성밖에 있던 내게 급히 연락했다. 곤경에 빠진 것은 김동지가 아니라 오히려 이런 난감한 요청을 받은 나였다. 우리 공작대 대원들은 신분증 같은 문서를 휴대하지 않았을 뿐 아니라 그런 것은 발급되지도 않았다. 그렇다고 서안의 한국청년전지공작대 본부와의 연락이 하루만에 통할 수도 없는 일, 나는 궁리 끝에 현지에서 석판으로 인쇄하여 특파원증을 급조했다. 몇일 후 나는 대한민국 임정 주석 김구, 한국광복군 총사령부 총사령관 이청천 이라는 활자 위에 큼직한 목각 도장을 찍어 김동지에게 보냈다.

이런 우여곡절 끝에 포섭된 이도순은 일본군 제36사단에 관한 각종 정보를 수집 제공하는 한편, 36사단 각 대대 및 중대의 한국인 통역들을 포섭하는데 적극적으로 협조했다. 그때 우리 김천성, 이해평 공작조는 한국청년 60여명을 포섭하여 5~6차례로 나누어 서안 본부로 후송, 광복군 군관으로 양성케 하는 대단한 성과를 올렸는데 여기에는 김천성 동지가 포섭한 노안성내 거류민 단장 박춘섭의 도움 또한 적지 않았다.

노안성 밖에서 활동하는 나의 임무는 중앙군 제27군 범군장과의 연락, 김천성 동지가 포섭한 한국 청년들을 성밖으로 인도하여 서안본부로 후송하는 일 그리고 성안 출입을 위한 준비 공작 등이었다. 산서지방의 비교적 큰 도시는 성으로 둘러싸여 있었는데 성문마다 설치되어 있는 일본군 헌병대 검문소의 감시가 심했다. 성문출입을 하는 사람들은 조금만 의심스러워도 검문당하곤 했다. 따라서 성안의 김동지 보다는 내게 더 많은 위험이 뒤따랐다. 그래서 나는 공작활동이 없을 때는 밭에 나가 일을 했다.

그때 나는 노안성에서 20리쯤 떨어진 마을의 어느 민가 방 한칸을 얻어 지냈는데, 총 잡았던 손의 흔적을 없애고 온몸을 태우기 위해 일부러 땡볕 아래서 호미를 들고 밭을 매는 것이 일과였다. 중국인 농부처럼 누렇게 만들려고 양치질도 하지 않았고 입안에서 나는 냄새를 없애느라 담배를 배워 열심히 피웠다. 그렇게 해서 나는 외모에 있어서는 중국인 농부와 구별이 안될 만큼 되었다. 세 살때 선친[6]을 따라 상해로 건너가 그곳에서 초등학

---

6) 이용환(李龍煥 일명 李斗煥, 1893.3.18~?), 「1919년 9월 상해로 이주하여 독립운동에 종사. 조선독립을 희망하며 배일사상을 가지고 있음. 현 주소지는 상해 장빈로 애인리」〈용의조선인명부, 용의조선인 289-국사편찬위원회 한국근현대인물자료〉. 상해임정의 혼란시기, 이용환은 임정 존치파로서 1922년 8월 국민대표회 반대 선언 명단 38인에 이름을 올렸다〈不逞團關係 雜件-鮮人의 部-在上海地方 4 - 公信 제613호, 국사편찬위원회〉. 1926년 5월 9일 오후 11시부터 프랑스 조계 애인리 12호 자신의 집에서 병인의용대

교, 중고등학교를 마치고 대학(중산대학)2년까지 다닌 터라 중국어는 우리말 못지 않게 능숙했지만 말씨도 산서 지방의 말로 바꾸었다. 이렇게 되고 보니 나는 영락없는 노안성 밖 농부였고 그래서 성문 출입이 비교적 수월했었다.

김천성 동지가 성안에 잠입하여 찹쌀떡가게를 차렸을 때의 일이다. 자리를 잡았다는 연락을 받은 나는 성안의 동태도 파악할 겸 김동지와 접선하기 위해 입성계획을 세웠다. 이곳에 도착하여 처음 성안에 들어가는 일이라서 치밀하게 사전 준비를 하였다. 당시 일본군 치하의 노안성에서 치안을 맡은 중국인 경찰국장과 함께 새벽에 입성하기로 했는데 중앙군 제27군 범장군과는 은밀히 내통하고 있던 이 경찰국장이 입성 전날밤 갑자기 계획을 변경했다. 동행은 위험하므로 자기가 먼저 성안에 들어가 상황을 살핀 다음 사람을 보내겠다는 것이었다. 미리 연락을 해둔 김동지 등이 약속된 장소에서 기다릴 것이므로, 무슨 수를 써서라도 꼭 가야한다고 했지만 중국인 경찰국장은 막무가내였다. 안내를 맡은 사람이 불가하다는 데는 별도리가 없었다. 그래서 나는 김동지에게 보내는 쪽지만 맡기고 후일을 기다리기로 했다.

최고간부회를 열고, 순종 국장까지 어떻게 해서 기세를 올릴 것인지 협의하고, 일본 대관 암살을 속행하는 건을 협의했다. 〈대한민국임시정부자료집 32권, 朝保秘 제236호-병인의용대의 동정〉 해방 후 상해에 돌아온 김구와 옛 동지들과 감격의 상봉을 하였다 〈독립운동사 6권 p. 562. 국가보훈처〉. 이용환의 두 아들 이재천(1991년 애국장), 이재현(1963년 독립장) 또한 독립운동에 헌신하였다.

한국광복군 제2지대의 태행산적후공작 〈2〉

그런데 며칠후 그날 새벽 중국인 경찰국장이 헌병대 검문에 걸려 다음날 총살당했다는 정보가 입수되었다. 청천벽력이었다. 만약 그날 새별 동행했더라면 나 또한 체포되었을 것이고 광복의 한을 풀지도 못한 채 불구대천의 원수 왜놈 손에 죽임을 당해 이역만리 낯선 땅에서 원혼이 되었을 것이라 생각하니 섬찟하고 치가 떨렸다. 전우신조인가 조국광복의 염원이 하늘을 감동 시켰는가 아무튼 불행 중 다행으로 피포를 면한 안도의 한숨을 내쉰 것도 잠시, 쪽지가 마음에 걸렸다. 이것이 발각되었다면 성안의 김동지 신변에 위험이 닥쳤을 것은 뻔한 일이고 우리 대원들의 모든 공작이 수포로 돌아갈지도 모를 일이었다. 가슴이 바짝바짝 탔고 하루가 여삼추였다. 천만다행으로 김천성은 무사했고, 우리의 공작 또한 탄로나지 않았다. 중국인 경찰국장은 성안의 일본군 동태와 기밀 사진등을 입수하여 밀정을 통해 중앙군 27군 범군장에게 은밀히 보내왔는데 그날 새벽 이 밀정이 붙잡혀 그동안의 모든 내통이 발각되었던 것이고 내가 보낸 쪽지는 경찰국장이 씹어삼켰던지 아무 탈이 없었다. 경찰국장의 죽음은 가슴아픈 일이었지만 그의 투철한 동지애로 우리 공작대는 맡은 바 임무를 수행할 수 있게 되었다.

그후 일본군 헌병대는 성문 검문을 더욱 강화, 좀처럼 기회가 오지 않았다. 상황이 좀 잠잠해질 때까지 기다리던 나는 제2차 입성을 시도했다. 나는 안내자—나를 안내한 사람들은 모두 범군장의 조직에 속해 있는 중국인들이었다—를 따라 노안성밖 10여리쯤 떨어진 마을 어느 민가에 잠입했다. 부부와 어린아이 하나가 살고 있는 그집에서 저녁을 먹고 수채구멍을 통해 이웃의 폐가로 건너가 잠을 청했다. 나는 만약의 사태에 대비하여 잠만은 폐가같은 곳을 택하곤 했는데, 이것은 우리 자신의 신변을 보다 안전하게 하기 위해서 뿐 아니라 불행한 사태가 벌어지더라도 우리를 도와준 주민들의 피해를 최소화하기 위해서 우리 공작대 대원들 모두 그렇게 하고 있었다. 새벽 네시쯤 잠이 깬 나는 소변을 보기 위해 수채구멍 쪽으로 갔다. 바로 그 순간 저녁 식사를 한 옆집 대문을 거세게 두드리는 소리가 들려왔고 이어서 문을 부수고 집안으로 난입해 들어오는 사람들 발자국 소리가 요란하게 들려왔다. 사람 내놓으라는 통역의 고함소리, 그 집 주인을 두들겨 패는 소리, 아이의 놀란 울음소리가 들려왔다. 나는 너무 갑자기 벌어진 일이라 멍청히 서있었다. 잠시 후 안내자가 내 등을 치며 어서 피하자고 했다. 우리는 뒷집으로 몸을 피했다. 소란스런 소리에 그집 주인이 깜짝 놀라 나왔고 안내자는 그에게 귓속말로 설명, 도움을 청했다. 밖으로 나가 동정을 살피고 돌아온 그 주인은 일개 소대병력의 일본군이 마을을 포위하고 있다는 것과 길목 어디에 기관총이 있다는 것까지 알려주며 피신방향을 알려주었다. 나는 안내자의 뒤만쫓으며 정신없이 달렸다. 우리는 옥수수 밭에 숨어들어 다음 마을의 피신처에 무사히 도착했다.

그 당시 우리는 마을마다 급히 피신할 수 있는 한두군데의 아지트-민가-를 두었었는데 이 민가의 주인들은 국적이 다른 우리 공작대원들을 동족의 동지를 대하듯 목숨을 건 지원을 아끼지 않았다. 마구간 덤불속에서 그날 밤을 새운 나는 하루 낮을 그곳에서 보낸 다음, 저녁 무렵 노안성밖 20여리쯤 되는 마을의 안전한 구공소 아지트로 피신하게 되었다. 3~4일후에 입수된 정보에 의하면 그날 밤 일은 내가 그집에 들어가는 것을 누군가가 밀고해서 벌어진 것이고 저녁 식사를 신세진 그집 식구들 모두 헌병대로 잡혀갔지만 끝까지 모른다고 잡아떼어 모진 고문만 당하고 풀려났다는 것이었다.

두 차례에 걸친 입성계획이 실패로 돌아가자 김동지는 계획을 바꿔 자기가 성밖으로 나와 접선하자는 연락을 해왔다. 본래는 내가 성안으로 들어가 공작계획을 세우고 기타 연락을 하기로 되어 있었지만 노안성 주민의 성문출입이 비교적 수월했던 데 비해 성밖 농민의 성안 출입은 검문검색이 너무 심해서 그만큼 위험부담이 컸기 때문에 김동지는 계획을 변경하자고 제안한 것이다. 김전청과 나는 주로 성밖 옥수수밭에서 밀회, 필요한 정보와 공작을 주고 받았다. 이렇게 해서 한국청년들이 포섭되어 계속 나오게 됐고 노안성에 주둔하고 있던 일본군 36사단에 관한 기밀과 정보는 속속 입수되어 우리 「태행산 적후공작대」와 중앙군 제27군의 작전에 긴요하게 활용되었다. 그리고 김동지와 나에 대한 27군 범군장의 신망 또한 대단히 두터워져 우리에 대한 지원이 더욱 각별해졌다. 범군장이나 중국인 경찰국장, 안내자들 그리고 나 때문에 온갖 고문을 다 겪었던 주인부부, 이들은 국적만 서로 다를 뿐 같은 동지였다. 항일항전을 통한 조국광복이라는 공동의 목표 아래 맺어진 중국인 애국지사와 우리 공작원들의 관계 이것은 국적을 초월하여 목숨을 바쳐서라도 서로를 지켜주는 혈맹의 동지였다.

한편 신향으로 잠입하여 공작을 펴기로 한 김용주, 박영진[7] 조는 계획을

---

7) 박영진(朴永晋, 1921.3.27~1950.6.25), 경북 고령(高靈) 사람이다. 1939년 광복군 제5지대장인 나월환이 광복군으로 모여드는 애국청년들을 훈련시키기 위해 개설한 한국청년간부훈련반에 입교하여 군사교육을 받은 뒤 졸업하였다. 1942년 5월 광복군 제1, 2, 5지대를 합하여 개편한 제2지대의 제2구대 제3분대장으로 임명되어 활동하였다. 1943년 6월 영국과의 상호 군사협정에 의거하여 주인도 영국군 동남아 전구 총사령부에 파견할 인원을 선발하였는데, 그는 공작대 대원으로 파견되어 활동하였다. 1943년 12월 전방지구인 임팔(Imphal)에 주둔하고 있는 영국군 제15군단 사령부에 도착한 광복군 인면

변경했다. 김용주 동지만 태행산 동쪽 하남성 수무현에 잠입 활동하기로
한 것이다. 김용주 동지는 노안으로 들어가 철도를 이용하여 태원과 석가
장을 거쳐 목적지에 무사히 도착했다. 그리고 박영진 동지는 김강, 이월
봉,8) 이삼녀9) 동지와 함께 우리 공작대에 포섭된 한국청년들을 서안본부로
후송하는 일을 맡게 했다. 노안에서 서안 본부까지는 약 2천리로 어림잡아
부산에서 신의주까지의 거리이기 때문에 중국 지리에 밝지 않은 한국청년
들을 무사히 후송한다는 것은 결코 쉬운 일이 아니었다. 우리들의 노안에
서의 공작이 성공을 거둬 포섭되는 한국청년들도 적지 않았고 후송거리 또
한 수천리이고 교통편이 없이 서안본부의 박기성, 박동운, 가자후10) 동지들
이 태행산까지와서 완전 도보로 후송을 지원하는 형편이라 박영진 동지에
게도 후송공작을 맡기게 된 것이다.

공작대는 세 곳으로 분산 배치되었는데, 그는 제201부대 본부와 같이 활동하
였다. 정부에서는 고인의 공훈을 기리어 1993년에 건국훈장 애국장을 추서하
였다. 〈독립유공자 공훈록 11권, 1994〉

8) 이월봉(李月峰, 1915.2.15~1977.10.28), 황해도 황주(黃州) 여성이다. 중국
중앙전시간부훈련 제4단 특과총대학원대 한청반(韓靑班)에서 군사훈련 과정
을 수료하였다. 그후 서안(西安)에 있는 광복군 제2지대에 편입하여 항일활
동을 벌이다가 광복을 맞이하였다. 정부에서는 고인의 공훈을 기리기 위하여
1990년에 건국훈장 애족장(1963년 대통령표창)을 추서하였다. 〈독립유공자
공훈록 5권, 1988〉

9) 이삼녀(李三女, 1910~?), 임시정부 직원 권속 교민 명부에 서안 거주 한교명
단에 연령 35세 경북 출신으로 등재되어 있으며, 한국광복군 제2지대 편제
(1945년 5월 기준) 제2지대 1구대 1분대 대원으로 등재되었으나 (독립운동사
6권, p. 407), 광복군 독립유공자로는 미서훈자이다.

10) 가자후(賈子厚, ?~?), 산서성 남부 영제 지역 거주 중국인으로 인근지역 일
본군 헌병이었던 박동운에 탈출시에 조력하였다. 후일 한국청년전지공작대
위문공연 연극 '한국의 한 용사'에서는 배우로 무대 위에 올라 일본헌병대
잡역부 역을 맡기도 하였다. 『한국청년』 제1기(1940.7.15)

김용주 동지가 출발한 후 나는 수무현에 잠입하어 그곳의 여러 상황을 점검했는데, 이곳은 공작상 여러가지 불편한 점이 많았다. 그래서 나는 김용주의 거점을 변경하기로 했다. 공작거점을 광산지역인 초작으로 옮기기로 하고 이곳에서 김용주 동지는 그의 특기를 살려 사진관을 개업, 운영하기로 했다. 그리고 나는 이 지역유격대의 협력을 얻어 초작 주둔 황협군(왕정위 군장)연대장 댁을 이용, 초작 시내는 아무 때나 자유롭게 출입하게 되었다. 그래서 노안의 김천성 동지를 초작 시내 목욕탕에서 만나기도 했고 중요한 사안이 있을 때는 태행산 동부거점인 흑애의 비밀아지트에서 만나 마음놓고 공작을 계획하고 스트레스도 풀었다. 초작에서의 공작은 노안만큼 성공적이지는 않았지만, 여러동지들을 포섭하여 서안본부로 후송했는데, 지금 생존해 있는 동지로는 전남 나주의 최봉진[11]이 있다.

  김용주 동지를 수무로 잠입케 한 다음 나는 능천에서 동쪽으로 약 백여 리 떨어진 흑애로 거점을 옮겼다. 이곳은 수무현 망명정부 소재지로서, 주민들의 항일의식이 그 어느 곳보다 치열한 곳이었다. 나는 범군장의 소개로 이곳 현장을 만나 여러 가지 지원을 요청했는데 현장은 이곳의 지방단대 대장에게 나를 소개해 주면서 공작에 필요한 지원을 당부했다. 이 지역의 지방단대장은 수무현 출신의 토호로서 이곳의 유격대를 총괄 지휘하고 있었는데, 초작시에 있는 황협군 연대장과는 의형제를 맺은 사람이었다. 그는 몸은 비록 일군하에 있었지만 그의 조국 자유중국에 대한 애국심은

---

11) 최봉진(崔鳳鎭 일명 崔相哲, 1917.12.17~2003.2.8), 전남 보성(寶城) 사람이다. 광복군 제5지대에 입대하였으며, 중국 중앙전시간부훈련 제4단 특과 총대학원대 한청반을 수료하였다. 그후 한·영 군사협정으로 주(駐)인도 영국군 동남아전구 총사령부에 파견되어 활동하였다. 정부에서는 그의 공훈을 기리기 위하여 1990년에 건국훈장 애국장(1977년 건국포장)을 수여하였다. 〈독립유공자 공훈록 5권, 1988〉

누구보다도 열렬했다. 「일본은 반드시 망하고야 만다」는 신념이 굳은 그는 언제든 자유중국의 품안으로 돌아올 각오를 가진 인물이었다. 그는 나를 동지처럼 대해 주었는데 내가 시내로 들어올 때면 황협군 보초선을 안전하게 통과할 수 있도록 마련해 주는 한편 자기 집에서 며칠이고 기숙하면서 공작을 할 수 있게 모든 편의를 제공해 주는 등 한집안 식구처럼 대해주었다. 그래서 나는 아무런 위험 부담없이 마음대로 초작시내를 활보하며 초모공작에 몰두할 수 있었다.

김용주 동지를 처음 만나러 갔을 때 나는 지방단대장의 안내원을 따라 수무로 직접 들어갔다. 그의 안내원을 따라간 까닭은 초작을 거쳐 가면 몇 십리 돌아가야 되는 탓도 있었지만, 수무에는 황협군의 조직이 없어 이곳 지방단대장의 다른 조직망을 이용해야 안전하게 잠입할 수 가 있었기 때문이다. 나는 장삼과 팔괘모(챙이 없는 둥그런 학생 모자 같은 것)와 포화(천으로 만든 중국인 신발)로 중국인처럼 행장을 꾸렸다. 적 일본군의 감시를 피해 공작을 수행하기 위해 우리는 자주 중국인으로 위장했었다. 그 무렵의 나는, 지금도 마찬가지지만 작은 키에다 깡마른 체구였는데 말투니 행색이 영락없는 중국인 이라서 시퍼런 장삼에다 팔괘모를 쓰고 포화를 신고 다니면 모두들 중국사람으로 알아봤었다. 안내원과 나는 새벽에 약 60여리를 걸었다. 철길을 건너 성앞에 도착한 것은 늦은 아침. 안내원은 나를 어느 잡화상 안으로 데리고 들어갔다.

한국광복군 제2지대의 태행산적후공작 〈3〉

성안으로 들어서자마자 일본군 헌병 초소(시가지의 민가)에 헌병이 앉아

출입자를 감시하고 있었고 그 뒷벽에는 일장기가 걸려 있었다. 우리는 기를 향해 최경례를 하고 무사히 통과했다. 시가지는 생각보다 그 규모가 크지는 않았다. 우리는 남문으로 들어가 북문 가까이에 있는 어느 상점에 들어갔다. 주인은 안내원과 반갑게 인사를 나누고 우리를 병실로 안내했다. 별실은 상점 깊숙한 곳에 위치해 있었는데 그곳까지에 이르는 길은 이리 돌고 저리 도는 꼬불꼬불한 통로였는데 50여미터가 훨씬 넘는 것처럼 보였고 아무나 쉽게 찾을 수가 없을 것같았다. 유사시에 대비해서 피신할 수 있는 최대한의 시간을 벌기에 충분한 별실이었다. 우리는 그 별실에서 융숭한 저녁식사를 대접받고 밤이 깊어가는 줄 모르고 이야기의 꽃을 피웠다. 『중앙군(중국 정규군)이 언제 반격해 오느냐』, 『성안 사람이 다 죽어도 좋으니 자유중국 비행기가 폭격했으면 원이 없겠다』는 상점주인의 말은 나라를 빼앗긴 백성의 피맺힌 절규였다. 그날밤 우리는 비록 조국은 다르지만 조국광복을 반드시 전취하겠다는 다짐을 새삼 굳게 다지며 동지애를 나눴다.

다음날 아침 나는 김용주[12] 동지를 만나러 나갔다. 안내원 없이 혼자 나선 나는 시내의 사진관만 찾아다녔다. 시내에 사진관은 한군데 밖에 없었다. 김용주 동지는 부재중이거나 유사시에는 사진관 간판 뒤쪽에 메모를

---

12) 김용주(金容珠, 1912.2.27~1985.12.11), 황해도 신천(信川) 사람이다. 한국 청년전지공작대에 입대하여 중국 중앙전시간부훈련 제4단 한청반(韓靑班)을 수료하였다. 그후 광복군에 입대하여 제2지대 총무조원 겸 공작조원으로 활동하였으며, 1942년 3월에는 대원의 불화로 인한 지대장 나월환의 암살사건에 연루되어 2년 도형(徒刑)을 받기도 하였다. 사면되어 출옥 후에는 oss훈련 정보파괴반을 수료하고, 국내정진군 함경도반 반장에 임명되어 국내진입을 기다리던 중 광복을 맞이하였다. 정부에서는 고인의 공훈을 기리기 위하여 1990년에 건국훈장 애국장(1977년 건국포장)을 추서하였다. 〈독립유공자 공훈록 5권, 1988〉

남기기로 약속했는데 간판 뒤쪽에도 아무런 메모가 없었다. 한동안 길가에 앉아 김용주 동지를 기다리던 나는 다음날을 기약하고 되돌아섰다. 그날은 사진관 위치를 확인한 것으로 만족할 수밖에 없었다. 허전한 마음으로 시내거리를 걷다보니 우리 동포가 경영하는 약국이 눈에 띄었다. 나도 모르게 약국 앞에 발길을 멈춘 나는 물끄러미 약국 안을 들여다 봤다. 약국 안에는 사람은 없고 한쪽 구석에 우리말 신문이 놓여 있었다. 한글신문. 눈이 번쩍 뜨였다. 이역만리, 낯선 땅에서 접하게 된 한글신문. 얼마나 보고 싶었던 고국이며 얼마나 듣고 싶었던 고국소식인가. 왜놈치하에서 신음하고 있는 조국이요 마음대로 갈 수 없는 내 땅이지만 그래서 오매불망 밤낮으로 그리던 대한민국 아니던가. 내 조국의 신문을 이곳에서 보게 되다니. 나는 주인이 없는 틈을 타 훔쳐가져 가고 싶은 생각까지 해보며 한동안 약국 문앞에서 망연히 서서 치밀어 오르는 향수와 북받쳐 오르는 서러움을 가다듬었다.

마음을 가라앉히고 나서, 나는 발길을 돌려 북문 쪽으로 향했는데, 몇 걸음 옮기지 않아 동포를 만났다. 문득 인력거에서 내리는 여인을 보니, 틀림없는 한국 여자였다. 반가운 마음이 앞서 내 행색을 잠시 잊고 하마터면 우리 말로 아는 체 할 뻔했다. 중국인 차림으로 은밀히 공작을 꾸며야하는 내 입장이라 마음만 간절할 뿐 멍하니 바라만 보고 있는데, 『你的什麼(너 뭐야?)』하며 그 여인이 발길로 내 궁둥이를 찼다. 어이 없는 일이었다. 하지만 쓴웃음만 뒤로 남기고 돌아섰다.

아무런 소득도 없이 돌아가던 나는 심란해진 마음도 다스릴 겸 모처럼 목욕이나 하려고 작정, 목욕탕을 찾아 들어갔다. 그런데 이 또한 무슨 괴변인가. 목욕값을 내려는데 『와아』소리와 함께 열너댓명의 중국인들이 허겁지겁 몰려 나오는 것이었다. 영문을 몰라 어리둥절 하던 나는 왜들 그러는

가 물었더니, 도대체 대명천지 밝은 하늘 아래 이런 행패가 또 어디 있을것인가. 일본 군인이 여자를 데리고 와 목욕을 하겠다면서 욕탕 안에 있는 중국인들을 모두 내쫓았다는 것이었다. 나라 잃은 백성들의 이 비애! 왜놈들의 행패! 쫓겨난 중국인 못지 않게 일본인에 대한 원한에 치를 떨며 목욕도 하지 못한 채 귀가했다. 그날은 완전히 허탕이었다. 그날 저녁, 식사를 하며 목욕탕에서 벌어진 일을 말하자, 안내원과 집 주인은 그런 것은 다반사로 일어나는 일이라면서 한숨만 내쉬었다. 일본 군인들은 술만 마셨다 하면 대로상에서 만행을 일삼는데, 눈에 띄는 행인들을 붙들어 놓고 장검으로 목을 친다는 것이었다. 적병들은 장검으로 백 명의 목을 베면 그 칼이 명도가 된다고 믿고 밤마다 행인의 목을 마구 친다는 것이었다. 그런 세상이니 목욕탕을 독차지하겠다고 중국인들을 몰아내는 일쯤이야 비일비재하다는 것이었다. 김용주 동지를 만나지 못한 데다가 한글 신문이며 동포를 만나게 되고, 엎친 데 덮친 격으로 왜놈들의 야만적 행패를 목격한 탓에 심란해질 대로 심란해진 나는 잠 한숨 자지 못하고 뜬 눈으로 그날 밤을 새웠다. 다음 날 나는 시내 거리를 샅샅이 뒤져 김용주 동지를 찾는 데 성공했다. 김용주 동지는 형편이 여의치 않아 아직 사진관을 차리지 못했다고 했다. 나와 만날 약속이 어느 때라고 일정한 시일을 정해둔 것도 아니고, 또 내가 아직 수무에 들어오지 못했을 것이라고 생각되고 해서 불안한 가운데 나와의 접선만을 기다리고 있었다는 것이었다. 나는 초작 공작 거점의 유리한 점을 김용주 동지에게 설명해주고, 이미 초작 출입의 기반을 닦아 놓았으니 즉시 그곳으로 가서 자리를 잡으라고 일러 주었다. 그리고 나와의 접선 시일을 정하고, 내가 알아둔 목욕탕과 여관 등을 접선 장소로 이용하기로 했다. 김용주 동지를 만나 상황을 점검하기 위해 수무에 갔을 때의 일이다. 그때 나는 중국인 행세를 했는데, 공작 거점을 초작으로 옮기기로 결정하고 흑애로 돌아오는 길이었다. 그때 나는 무슨 생각에서였는지 무심결에 초작행 기차를 타게 되었다. 곳곳에서 거점을 확보하고 공작 활동을 펴고 있는 동지들과 수시로 접선하고 연락을 취해야 했던 나로서는 사람들과 부딪치는 일은 가능한 대로 피해야 했는데, 그날은 순간적으로 방심하여 큰일을 그르칠 뻔했다.

그날따라 기차에는 일본군인들이 가득했다. 후회막급이었지만, 달리 어쩔 방법이 없었다. 불안과 초조속에서 가슴을 조이며 초작역까지는 무사히 도착했는데, 역에 내리고 보니 국적에 따라 출찰구가 달라서 한국인은 한국인 출찰구로, 일본인은 일본인 출찰구로, 중국인은 중국인 출찰구로 따로따로 나가는 것이었다. 더욱이 중국인과 한국인 출찰구에는 일본 헌병이 통역을 대동하고 검문하고 있었다. 나는 시침 뚝 떼고 중국인 출찰구 줄 끝에 서서 차례를 기다렸다.

차표를 내밀자 중국인 통역이 신분증 제시를 요구했다. 그때 나는 한약방 실습생이라는 신분증을 만들어 가지고 다녔는데, 아무래도 수상해 보이는지 중국인 통역은 이것저것 캐물었다. 약재라고는 감초밖에 모를 때이니, 신분증을 의심하는 눈치였다. 승객은 다 빠져 나가고 나만 남게 되자 저쪽에서 일본 헌병이 내게로 다가오고 상황은 매우 위급해졌다. 궁즉통이라고나 할까, 나는 최후 수단으로 신분증을 뺏어들고, 나직이 그러나 단호하게 한마디 하고는 뒤도 돌아보지 않고 앞으로 걸어나갔다. 『山裡來的(산손님이다)!』

초작은 초행이니 역 구내의 지리도 모르고, 빈 객차가 늘어서 있는 곳을 빙 돌아서자마자 온힘을 다해 뛰기 시작했다. 다행히 「산손님」(그 일대에서는 유격대를 이렇게 불렀다)과 내통을 하는 사람인지, 그 중국인 통역은 뒤쫓아 오지 않았다. 역 밖으로 나와 한숨돌리고 보니, 온몸이 땀으로 푹 젖어 있었다. 십년감수, 위기 일발의 순간이었다.

몇 달 후 황협군 연대장과 초작 시내 구경을 나갔다가 우연히 그 중국인 통역을 만났을 때 모르는 척 하며 스쳐 지나가는 것으로 보아, 나를 뒤쫓지 않은 것도 다 까닭이 있는 것 같았다. 그는 「산손님」과 은밀히 내통하거나 적어도 마지못해 통역 일을 하는 애국심있는 중국인이었던 것이다. 김용주 동지는 1941년 겨울 제1차 공작을 마치고, 태행산에서 철수 할때까지 초작에서 사진관을 경영했었다.

1941년 6월 중순 무렵, 일본군 제36사단 일등 통역관 이도순은 탈출의 뜻을 전해왔다. 한국인 젊은이들을 너무 많이 포섭 탈출시키다 보니, 언제 어디서 신분이 탄로날지 모를 일이고, 자기 신변에 대한 위험이 곳곳에 도사리고 있는 상황에서는 더 이상 통역관 일을 할 수가 없다는 것이었다. 우리들의 공작이란 목숨을 내걸고 하는 사지에서의 활동이고 따라서 우리공작대원 모두 신변에 대한 위험이 늘 붙어다녔지만 이도순 동지의 입장 또한 충분히 이해할 수 있었다.

나는 27군 범군장과 긴밀히 상의, 이도순을 탈출시키기로 결정했다. 군복에 긴칼을 찬 이도순은 고여순[13] 대대 통역관과 함께 구공소 아지트까지 안내를 받아 탈출에 성공했다.

---

13) 고여순(高如順, 1907~1946.6), 1940년 6월에 서안(西安) 한국청년전지공작대(韓國靑年戰地工作隊)에 입대하였다. 위 공작대는 광복군 제5지대의 전신으로 나월환(羅月煥)의 인솔하에 있었다. 그는 같은 해 9월 광복군 제5지대 요원으로 편입되었으며 1941년 6월에 한청반(韓靑班)을 졸업하였다. 1942년 3월 대원간의 불화로 대장 나월환을 암살한 혐의로 이해평(李海平)과 함께 15년 역형(役刑)을 받았다가 석방되기도 하였다. 정부에서는 고인의 공훈을 기리기 위하여 1990년에 건국훈장 애족장(1963년 대통령표창)을 추서하였다. 〈독립유공자 공훈록 5권, 1988〉

한국광복군 제2지대의 태행산적후공작 〈4〉

나는 이 아지트에서 그를 처음 만났는데, 그를 안내하여 중앙군 27군 본대에 도착할 때까지 한국말을 일체 쓰지 않고 중국인 행세를 했다. 60리길을 밤새워 걸어가면서도 내색도 않던 나는 목적지에 도착해서야 내 신분을 밝히고 양해를 구했다. 그러나 이도순은 격노하여 내 입장을 도저히 용납하지 않았다. 분을 새기지 못한 그는 긴칼을 뽑아들고 내려치려고까지 했다. 아무리 신분을 드러내지 않는 공작대원이라 하더라도 하루 낮과 밤을 함께 지냈는데, 동족끼리 그것도 상면한 바는 없지만 함께 일을 꾸며온 자기에게 그럴 수가 있느냐는 것이었다. 나는 진땀을 흘리며 그렇게 하지 않으면 안되었던 내 입장을 빌다시피 해명, 겨우 진정시켰다. 범군장은 대단히 반기면서 대대적인 환영연을 베풀었다. 참모들에게 일일이 소개하며 이도순의 노고를 치하했고, 일본군과의 전투에서 빼앗은 전리품 말 한필도 선물했다.

이도순 동지의 보고를 통해 일본군 36사단의 현황을 상세하게 파악한 범군장은 긴급히 참모회의를 열어 36사단장(舞部隊) 井關[14]사령관을 생포하기로 결의하고, 빈틈없는 작전 계획을 세웠다. 이도순의 정보에 의하면, 당시 적 36사단은 대부분의 병력이 노안 북부의 팔로군 소탕 작전에 투입되어 본부의 보급병력 2백여명과 노안 남부의 고평·진성에 극소수의 병력이 있을 뿐이어서 36사단 본부는 무방비 상태나 다름없다는 것이었다. 이에 비해, 당시 범군장 휘하에는 제35사, 36사 및 예비 제7사등 3개의 정규 사

---

14) 井関 侊(이세키 미츠루)-일본군 36사단 사단장, 2代 사령관으로 임기는 1940.8.1~1943.2.28.

단병력이 이었고, 제34집단군 태행산유격내의 1천여 병력, 그리고 본토인들로 구성된 지방 단대들이 곳곳에 있었다. 이같은 상황이라면, 일본군 36사단 사령관 생포 작전은 쉽게 성공할 것 같았다. 작전 계획은 완벽했다. 중앙군 제36사에서 정병 5백명을 선발하여 작전에 출중한 연대장의 지휘 아래 일본군 36사단 사령부 소재지인 노안성을 공격하게 하고, 34집단군 유격대 5백명을 선발하여 이를 후원하게 했으며, 성 동북쪽은 제35사와 예비 제7사가, 그리고 남쪽의 고평·진성은 제36사가 맡기로 했다. 또한 만약의 사태를 대비하여 임현 방면의 중앙군 제40군이 적의 퇴로를 막고 완전 섬멸하게 했다. 나와 이도순 동지는 노안성 공격부대에 가담, D-Day 새벽 4시, 고평방면에서의 포성을 신호로 하여 총공격하기로 했다.

5백명의 주력공격부대는 D-Day 일주일전에 행군을 시작했다. 공격 목표인 노안까지는 80리밖에 안되는 거리였지만, 하루 10여리씩 야간에만 행군하여 통과 지역 촌락을 완전 봉쇄, 작전 비밀이 누설되지 않도록 해야 했기 때문에 시일이 많이 소요되었다. D-Day 하루 전, 우리 공격부대는 성 밖 10여리 외곽의 촌락에 도착하여 공격개시를 기다렸다. D-Day 새벽 한시. 완벽한 준비를 끝낸 우리는 노안성으로 진군했다. 길잡이를 앞세우고, 대로를 피해 논두렁을 타고 일렬중대로 전진했는데, 그날 밤따라 칠흑같이 캄캄하여 내뻗은 팔의 손가락이 보이지 않을 정도였다. 그래서 어디로 어떻게 가는지도 모르고 그저 앞엣사람만 열심히 따라들 갔다. 새벽 4시, 고평쪽에서 포성이 울리고, 작전은 시작되었다. 그런데 우리는 노안성에 입성하지 못하고 성도 보이지 않는 지점에서 여전히 해매고 있었다. 먼동이 틀 무렵, 주위를 살펴보니 우리는 성에서 5리나 떨어진 지점에 있었고, 성의 윤곽만 흐릿하게 눈에 들어왔다. 낭패였다. 어둠속에서 방향 감각을 잃은 우리는 엉뚱하게도 같은 곳을 맴돌고 있었던 것이다. 설상가상으로 이도순 동지가 쓰러졌다. 통역관으로 편한 생활만 해오던 그는 일주일 이상의 행군에 탈진한 것이다. 하늘이 무심했고, 분통을 달랠수가 없었다. 하필이면 이런 결정적인 순간에 쓰러지다니. 공격부대의 지휘를 맡은 연대장은 퇴각명령을 내렸다. 이도순의 안내 없이 어떻게 노안성을 공격할 수 있겠느냐는 것이었다. 천신만고 끝에 겨우 「명장」소리를 듣게 되었는데, 이런 상태로 공격한다면 자기 병력만 희생될 뿐 승산이 없다는 것이었다. 성안에서 30여명의 동지들이 내응할 만반의 준비를 갖추고 우리의 입성만을 기다리고 있으므로 도순이 없다 하더라도 井關사령관 생포는 틀림없이 성공할 수 있다고 말했지만, 막무가내였다. 井關은 독안에 든 쥐나 다름 없고, 노안성 함락이 눈앞에 보이는데 여기서 포기하다니. 그 자리에서 자결하고만 싶었다. 井關의 명이 긴 것인가, 하늘의 장난인가, 피를 토하고 죽을 일이었지만, 나는 운명으로 치부하고 퇴각 대열 뒤를 따라 패잔병처럼 후퇴했다. 「井關 생포 작전」은 이처럼 싱겁게 끝났지만, 중앙군 제36사는 진성을 이틀동안 점령하여 일본군 헌병대를 파괴하고 모든 기밀서류를 불사르는 등 적지 않은 전과를 올렸다. 그러나, 이런 전승의 기쁨도 잠시. 27군 범한걸 장군은 사단 병력 규모의 일본군 지원부대가 도착했다는 첩보대의 보고를 받고 전군에 퇴각명령을 내렸다. 노안성에서 퇴각하여 하루 낮과 밤에 걸쳐 백여리 길을 걸어 범장군을 만나 이 사실을 알게 된 나는 너무 어처구니 없는 상황에 망연자실, 할 말을 잊었다. 중국 제10전구 사령관 위립황[15] 장군이 비행기로 작전 실황을 시찰하며 격려할 만큼 중요한 전투였

---

15) 위립황(衛立皇, 1897.2.16~1960.1.17), 안후이(安徽)성 허페이(合肥)현 출신, 중화민국 고위 장성, 장개석의 '오호상장(五虎上將)' 중 '호장(虎將)'이다. 중원대전에서 석우삼을 격파하고 난징의 포위망을 풀었으며, 정저우(鄭州) 수복, 덴시(攻西) 역공 전투 등 일련의 전투에서 승리했다. 신커우 전투

는데, 범장군의 판단 착오로 모든 것이 수포로 돌아갔다. 지원부내가 도착했다는 첩보대의 정보는 일본군의 속임수에 놀아난 완전한 오보였다. 궁지에 몰린 일본군은 최후 수단으로 범장군 진영만을 목표로 집중포격 했었는데, 범장군은 일본군에게 아직도 많은 화력과 병력이 남아있는 것으로 오판했던 것이다. 더욱이 간교한 일본군은 타지방의 중국인 주민들을 붙잡아 이들에게 일본 군복을 입힌 다음 수십대의 트럭에 태워 진성 전선에 내려놓아 군복을 벗겨 풀어주고, 다시 중국인들을 붙잡아 군복을 입혀 전선에 내려놓기를 반복했는데, 첩보대는 이를 지원부대로 착각하고 범장군에게 보고한 것이다. 이적행위와 다름없는 이 결정적인 허위 정보로 노안성 공격은 허무하게 무산되었고, 오히려 중앙군은 퇴각하면서 많은 인명 손실을 입었다.

노안성 전투가 끝난 다음, 우리 「태행산 적후공작대」는 수무현 망명정부 소재지인 흑애로 근거지를 옮기고, 1941년 겨울까지 초모공작을 계속했다.

1차(1940~41), 2차(1943~45)의 태행산 적후공작에서 60여명 광복군의 주력군을 위하여 우리가 치른 대가는 너무나 컸다. 김천성 동지외에 이해순, 백정현, 김찬원 및 정윤희 등 다섯동지들이 순국하였다.

간략히 그들의 최후를 기록하면, 김천성(최중천 1914.7.14~1945.8.17) 동지는 평북 의주 사람으로 1941년 제1차 적후공작을 마치고 서안본부에 귀대하였다. 1943년 봄, 다시 제2차 공작을 김찬원 등과 산서성 태원, 유차, 태곡 등지에서 활동하다 불행히도 1944년 1월경 태곡에서 일헌병대에

는 일본군의 작전 계획을 파괴하기도 했다. 신중국 성립 후 국방위원회 부주석, 제2, 3기 전국정치협상회의 상무위원회, 제2기 인민대표대회, 민혁 제3, 4기 중앙위원회 상무위원 등을 지냈다. 1960년 1월 17일 베이징에서 64세의 나이로 사망해 베이징 팔보산혁명공동묘지에 안장됐다.

체포되어 태원으로 이송, 1945년 8월 17일 사형되었다. 짚고 넘어가고 싶은 것은 해방 이틀 후에 총살을 집행하였으니 왜놈들의 잔인무도한 본성을 나타낸 점이다.

정부에서는 그의 공훈을 기리기 위하여 1968년에 건국훈장 국민장(독립장)을 추서하였다.

김찬원(1917.7.1~1945)동지는 평북 정주 출생으로 1941년 한청반 수료 후 김천성과 1943년 태원지구에서 활동하다 체포되어 순국. 건국훈장 애국장.

백정현(1917.7.12-17~1944.4)동지는 1940년 노안에서 김천성에게 포섭되어 서안본부 한청반 수료 후 1942년 산서성 석가장지구에서 활동하다 1944년 석가장에서 일헌병의 추격을 받아 피살. 건국훈장 애국장.

이해순(1919.3.11~1944.12.13)동지는 평남 강서 사람으로 산서성 운성지구에서 활동하다 1944년 5월 유차에서 체포되어 1944년 12월 13일 순국. 건국훈장 애국장.

정윤희(1926.11.28~1944.12.13)동지는 경북 고령 사람으로 김천성에 협조하여 노안지구에서 활동하다 1944년 7월 유차에서 체포되어 1944년 12월 13일 순국. 건국훈장 애국장.

한국광복군 제2지대의 항일투쟁 〈5〉

1940년 9월 17일 대한민국 임시정부는 광복군 총사령부를 창설하고, 그동안 중국 각지에서 대일항전을 벌여온 한국독립군을 확대 재편하여 그 조직과 체제를 정비 강화해 나갔다. 이에 따라 1939년 11월 11일 중국 중경에서 창설, 태행산 유격대에 편입되어 적후 초모공작을 전개해온 한국청년전지공작대는 1941년 1월 1일 한국광복군 제5지대로 편입되었다. 이때의 기구를 보면 지대장 나월환, 부지대장 김동수(김강), 그리고 정훈조(조장 이종봉 일명 이하유), 훈련조(조장 박기성 일명 구양군), 공작조(조장 이재현 일명 이해평) 등으로 개편되었다.

제5지대 대본부의 주요 임무는 개편되기 전 1940년 후반기[*1940년 말-옮긴이]의 한국청년전지공작대 때처럼 적후공작과 대원 훈련이었다. 그 당시 30여 만의 대군을 휘하에 둔 호종남 제1전구(중국제34집단군) 사령관은 중앙전시간부훈련 제4단(간4단)안에 특과총대학원대 한청반을 두고 청년전지공작대 대원들을 훈련케 했었다. 이 무렵 제5지대는 간부급 대원이 많지 않았고, 따라서 제5지대로 개편된 후 대본부 대부분의 간부들은 겸직을 맡지 않을 수 없었다. 이에 따라 대장에 나월환 지대장, 부대장 겸 제1구대장에 김동수, 제2구대장에 박기성, 정치지도원에 이종봉 등이 몇 사람 몫을 하게 되었다. 우리들은 일선에 나가 적후공작을 하는 한편으로 공작으로 초모해온 신입 대원들을 훈련시키느라 문자 그대로 눈코뜰새 없이 바쁜 나날을 보냈다. 말할 필요도 없는 것이지만 고되고 바쁜 그만큼 우리 대원들의 사기는 하늘을 찌를 듯했고 보람또한 컸다.

그러나 호사다마라고 제5지대로서는 가장 불행한 일이 이때 일어났다. 지금 까지도 명백히 밝혀지지 않고 있는 「나월환 살해사건」이 그것이다. 이 역만리 중국 대륙에서 조국광복의 「그날」을 위해 목숨을 내놓고 불구대천의 적 일본군과 싸웠던 동지들 사이에 일어난 이 불행한 사건. 광복군 제2지대사에 있어 가장 충격적이고 델리키트한 이사건에 관련된 동지들은 모두 고인이 되어 이 세상에 없고, 나만 홀로 아직도 남아 기억하고 싶지 않은 이 사건을 밝혀야 하는 입장이 되었으니, 또한 무슨 운명의 아이러니인가. 전생의 업보이든, 숙명이든 사실은 사실대로 규명되어 역사에 기록되어야 하는 것. 만감이 회차하는 가운데 밝히는 나의 진술이 얼마나 진실하고 공정한가에 대해서는 당시 간4단 예술교관으로 활약한 중국군 중교(중령) 한유한(한형석, 1910년 2월 21일 생)선생이 증인이 되어주시리라 믿는다.

1939년, 한국청년전지공작대는 서안에 있는 중국중앙군 제34집단군과의 연계 투쟁을 위해 16명의 대원이 간4단 한청반에 입대, 3개월간의 훈련을 받게 되었다. 비록 단기훈련이었지만, 이 훈련 과정을 수료한 후 우리 대원들은(이미 중앙군관학교를 졸업한 나월환, 김강(김동수), 구양군(박기성) 등3명의 대원은 제외하고)중앙군 소위로 임관하게 되어 있었다. 한유한은 한국청년전지공작대가 서안에 도착한 후 우리와 합류한 동지이다. 이때 그는 공작대의 선전조장으로 공작활동에 크게 기여 했는데, 그는 연극과 작곡을 통해 한국독립군의 항일투쟁과 일본제국주의의 잔악상을 중국 백성들에게 널리 알려 그들의 항일의식을 고무하는 데 큰 성과를 거두었다.

한청반 입대 다음날의 일이다. 그날 새벽 우리 대원16명은 4천여 명의 중국 생도들과 함께 조회를 하게 되었다. 여명속에서 중화민국 국기가 서서히 게양되고, 중화민국 국가가 차디찬 새벽 공기를 가르며 우렁차게 울려 퍼졌다. 나는 가슴이 뭉클해졌다. 그리고 나도 모르게 두 뺨에 눈물이 흘러내렸다. 아! 언제나 우리도 태극기를 하늘높이 올리며『동해물과 백두산이 마르고 닳도록…』우리의 국가를 소리높이 부르며 조회를 할 것인가! 이 간절한 소망은 훈련 수료 후 섬서성 서안 이부가 4호에 자리잡은 한국청년전지공작대 본부에서 이루어졌지만, 나라를 빼앗긴 설움에 가슴이 터질 듯한 그날 새벽의 조회 때, 단상에서 지휘봉을 들고 중화민국 국가를 지휘하던 분이 다름아닌 한유한 중교였다.

「나월환 사건」이 벌어지기 수개월전인 1941년 겨울, 나는 노안과 초작을 거점으로 한 태행산에서의 공작을 마치고 제5지대 본부로 돌아왔다. 2년여

동안의 일선 공직에 몹시 지친 나는 연말을 이용하여 마음놓고 쉬고 싶었다. 앞으로의 공작 활동을 위해서라도 휴식은 절실했었다. 그러나 본부의 형편은 내가 편안히 휴식을 취할 수 있는 것이 아니었다. 그때로서는 까닭을 알수 없었지만, 본부의 분위기가 심상치가 않다는 것은 직감할 수 있었다. 당시의 상황은 심상치 않은 정도가 아니라 험악했다는 것이 오히려 더 적절한 표현인지도 모르겠다. 초모공작이 성공을 거두어 2년도 채 지나지 않아 대원들 수가 1백여명으로 증가할 만큼 일취월장, 그 규모에 있어 비약적으로 발전했으니 지대운영이 그렇게 손쉽지가 않았을 것이다. 그러나 대내 분위기는 운영의 어려움 때문만은 아닌 것 같았다. 그보다는 오히려 인간관계가 더 문제가 되는 것 같았다.

여기서 「사건」을 보다 정확히 이해하기 위해 당시 5지대의 인적 상황을 간략히 소개해 본다.

나월환: 제5지대장. 1912.10.15~1942.3.1. 전남 나주. 무정부주의자로서, 일본에서 박열[16]과 교류하면서 「흑우연맹」에 가입, 독립운동에 참여했

---

16) 박열(朴烈 일명 朴準植, 朴爀, 1902.2.3~1974.1.17), 경북 문경(聞慶) 사람이다. 1919년 경성고등보통학교(京城高等普通學校)에 재학할 당시 3·1독립운동에 가담한 혐의로 퇴학당하고 그해 10월경 일본으로 건너가 동경(東京)의 정칙(正則)영어학교에서 수학하였다. 1921년 5월 동경(東京)에서 김약수(金若水)·조봉암(曺奉岩)·김종범(金鍾範) 등과 흑도회(黑濤會)를 조직하였으나 김약수·조봉암 등의 공산주의와 사상적으로 대립되어 해산하고 장상중(張祥重)·홍진유(洪鎭裕) 등과 흑우회(黑友會)를 조직하여 활동하였다. 1922년 4월 정태성(鄭泰成) 등 동지 16명과 일본 제국주의 타도 및 악질적인 친일파를 응징하기 위하여 무정부주의를 표방하면서 적극적인 활동을 전개하였다. 1923년 9월 일본 황태자의 결혼식에 참석하는 천황을 비롯하여 황족과 내각총리대신, 조선총독 등을 폭살하려는 계획을 세우고 이의 실현을 위해 폭탄을 구하기 위하여 중국 상해(上海)로 동지 김중한(金重漢)을 파송하다가 붙잡혔다. 이에 1926년 3월 폭살계획으로 인하여 일본 대심원에서

다. 1936년 중국 중앙군관학교 제8기로 졸업했다. 그후 한국혁명당원으로 활동하다가 1937년 일본 경찰에 체포되어 본국으로 송환되던 중 청도에서 탈출했다. 1939년 11월 한국청년전지공작대 창설에 중추적인 역할을 한 그는 1941년 1월 1일 한국청년전지공작대가 광복군 제5지대로 편입되면서 5지대장에 임명되었다. 성격은 다정다감했지만 너그럽지는 않았고, 포용력이 부족한 편이었다.

나월환과 얽힌 일화 한가지. 우리 대원 16명이 서안에 도착한 다음 달의 일이다. 당시 우리는 호종남 사령부의 지원을 받아 생활했었다. 그런데 그 달은 지급일이 며칠 지났는데도 생활비가 도착하지 않아 식량이 바닥이 났고, 16명의 대원들 모두 밥을 굶어야 할 형편에 이르렀다. 그래서 나월환에게 어떻게 된 일이냐고 물었다. 그때 나월환은 아직 생활비를 지급받지 못했다고 말하는 것이었다. 더 기다릴 만한 처지가 아니었던 터라 이하유가 나서서 지연되는 까닭을 알아보았다. 그런데 이게 무슨 일인가. 나월환이가 제 날짜에 생활비를 받아갔다는 것이었다. 이 사실을 알게된 간부들은 몹시 격분, 간부회의를 소집하여 이 일을 처리하기로 했다. 회의 석상에서 생활비를 지급받았다는데 어떻게 된 일인가 묻자, 나월환은 군복 윗주머니에서 BROWNING 2호 권총을 꺼내 만지작거리면서 아직 받지 못했고 그로서는 전혀 아는 바가 없다고 부인했다. 회의는 물론 아무 진전이 없었고 나월환은 달그락달그락 소리를 내며 탄창의 총알을 넣었다 뺐다 하면서 아무말이 없었다. 말없이 나월환을 바라보던 김강이 밖으로 나갔다. 모두들

사형을 선고받았으나 1926년 4월 5일 무기징역으로 감형되어 20여년간 옥고를 치르다가 1945년 10월 17일 전승국인 맥아더 사령관의 포고령에 의하여 출옥하였다. 정부에서는 고인의 공훈을 기리어 1989년에 건국훈장 대통령장을 추서하였다. 〈독립유공자공훈록 8권(1990년 발간)〉

소변보리 가는 줄 일고 관심을 두지 않았다. 잠시 후 김강이 돌아 왔다. 들어오는 그를 무심코 쳐다본 우리들은 모두 아연 경악했다. 그의 손에는 합자포(자루가 긴 권총-*옮긴이: 모젤 권총)가 들려 있었던 것이다. 우리들의 놀람도 순간, 김강이 들어서자마자 꽝 하고 총성이 울렸고 월환이 의자채로 뒤로 넘어졌다. 너무 순식간에 일어난 일이라 모두 영문을 모르고 어안이 벙벙해 있을 때 나월환이 아무 일도 없었다는 듯이 툭툭 털고 일어났다. 나월환 옆에 앉아 있던 나는 안도의 한숨을 내쉬었다. 겨울이라서 모두들 솜으로 누빈 군복을 입고 있었는데 천만다행으로 월환의 군관혁대 모서리에 맞은 총알은 방향이 바뀌어 가슴을 한바퀴 돌고 군복 솜 속에 박혔던 것이다. 십년감수할 만큼 놀랐겠지만 월환은 상처 한 곳 없이 말짱했다. 그때 월환은 비로소 생활비 문제에 대해 모든 것을 털어 놓았다. 제대로 말을 듣지 않아 혼좀 내줄려고 지급되지 않은 척했고, 아무것도 모른다고 잡아뗐다는 것이다. 그후 김강과 월환은 아무일도 없었던 것처럼 서로 흉금을 털어놓으며 사이 좋게 잘 지냈다. 이제 되돌아 보니 모두가 혁명청년들만이 할 수 있는 일이었다고 생각된다.

　김강(김동수): 1916.12.6~1982.2.20. 경기도 인천. 1923년 부친을 따라 상해로 건너가 상해 인성소학교를 다녔음. 그후 중국중앙군관학교 제10기 졸업. 1936년 중앙군 제25사단 소위 견습사관. 1937년 임시정부에 합류, 한국국민당 청년단원으로 상해에 파견되어 김인(백범 김구 선생 장자), 이하유 등과 지하 공작. 1939년 한국청년전지공작대를 창설, 부대장으로 활약함.

　이하유(이종봉): 1909.9.16~1960.3.28. 경기도 양주. 1929년 12월 중동학교 재학 중 광주학생사건으로 서대문 형무소에서 1년간 옥고를 치룸. 1932년 동경으로 건나가 일본대학 사회학과에 진학. 재학 중 「흑우동맹」에 가입, 유학생 예술단 사건으로 일본 경시청의 수배를 받게 되자, 1936년 중국으로 망명. 망명 동기는 상해의 양여주[17](아나키스트)로부터 중국에서 함께 일할 만한 유능한 동지를 천거해달라는 부탁을 받은 이동순(하중)[18]이 이하유를 추천했는데, 이것이 중국 망명의 중요한 계기가 됨. 1936년 김인, 김동수 등과 함께 일본군 점령하의 상해 지하공작에 투신함. 1937년

---

17) 오면직(吳冕植 일명 楊汝舟, 馬仲良, 吳冕植, 朱曉春, 吳哲, 1894.6. 15~1938.5.16). 1919년 5월 독립군자금모집, 진남포 경찰서에 투탄하고 기후, 상해로 망명. 천진소재 일본 정실은행습격, 현금탈취하여 군자금으로 사용. 1922년 임정경찰국장 김구의 지시로 김동우, 노종균과 같이 임정비서장이며 군자금 40만엔을 사용낭비한 김립을 사살함. 김구의 권유로 한국노병회에 가입 그 결사의 파견으로 군관학교 입학. 1933년 정화암 등과 지유하여 한인무정부주의자 상해연맹, 남화한인청년연맹에 가입 활동. 1934년 김구에 초치되어 한국독립군특무대조직, 김구가 특무대장이 됨에 그의 비서가되다. 1935년 김구휘하를 떠나 맹혈단을 조직. 1936년 3월 맹혈단원 10여명과 같이 상해주재일본영사관을 습격하여 공사 아리요시를 사살코자 하였으나 미수로 피체. 1937년 4월 14일 해주형무소에서 사형되다. 〈국가보훈처 공적조서 관리번호 3321번〉

18) 이동순(李東淳 일명 李河中, 1909.7.2~1977.1.10). 1931년 4월 일본 동경으로 가서 동년 8월 흑우연맹에 가입하고, 1932년 1월 아나키즘계 노동단체인 조선동흥노동동맹에 가입하여 활동하였고, 1934년 1월『흑색신문』의 발행을 담당하면서 수 차례 검거와 구류를 당하였으며, 상해의 남화한인청년연맹 간부인 이달, 양자추 등과 연락하고 1935년 3월 양자추로부터 전달된백정기, 이강훈, 원심창 등의 상해 아리요시 공사 암살미수사건에 관한 기사와 재중국조선무정부주의운동 개황 등을 게재하였으며, 1935년 3월 경 양자추로부터 투사의 파견을 의뢰받고 동년 7월 이하유를 상해에 파견하였고, 동년 9월 상해 남화한인청년연맹에서 발행한『뉴스』를 송부받아 배포하는 등의 활동을 전개하였고, 1935년 10월 초순 경 이토 에쓰타로의 권유로 일본 무정부공산당에 가입하여 동당 관동지방위원회 식민지부에 소속되어 선전과 당원획득 등에 종사하다가 동년 12월 체포되어 징역 2년에 집행유예 3년을 받기까지 근 반년의 옥고를 치른 사실이 확인됨. 〈국가보훈처 공적조서 관리번호 960721번〉

홍콩을 거쳐 광주(광동성)로 철수, 임정과 합류함. 유주에서 광복진선전시공작대를 조직하여 정훈공작에 들어감. 1939년 중경에서 한국청년전지공작대를 조직, 정훈조장으로 활동하다가 광복군 제5지대에 편입됨. 종전 후에도 상해에 남아 조선학전관과 신채호학사에서 일하다가 귀국함.

구양군(박기성): 1905.6.1~1991.2.1. 충북 진천. 1926년 일본에 건너가 개성중학에 입학, 중학생인 나월환과 계림장에서 함께 숙식하며 「흑우동맹」에 가입하여 활동함. 1931년 청도를 거쳐 상해에 도착. 다음해 유자명, 백정기, 정화암 등과 남화무정부주의자연맹에 가입하여 활동함. 1934.3~1937.3, 중앙군관학교 제11기 졸업. 1938년 중국 육군 통신단에 대위로 근무. 1939년 한국청년전지공작대 군사조장. 1939년 나월환 사건 후 중경 총사령부에서 근무.

한국광복군 제2지대의 항일투쟁 〈6〉

해평 이재현: 1917.2.2~   . 경기도 시흥. 1919년 아버님이 상해로 망명하시어 2년 후 할머님 등에 업혀 상해로 건너가 그곳에서 성장. 1934년 겨울 남경 도착. 1935년 봄 가흥 용지산 등광사(강소, 절강, 안휘의 경계지역)에서 특수 훈련 후 한국국민당 청년단에 입단. 1936년 김인,[19] 한도

---

19) 김인(金仁 일명 金東山, 1918.11.12~1945.3.29), 황해도 해주(海州) 사람이다. 김구(金九)의 장남으로 1920년 4살 때 조모 곽낙원(郭樂園)을 따라 상해로 건너갔다. 1936년 4월 남경(南京)에 설치된 한국국민당 예비훈련소에 엄항섭(嚴恒燮)과 함께 감독관으로 파견되어 군사훈련을 독려하였다. 1937년 9월에는 상해에 돌아와 한국국민당 청년단 상해지구 기관지로서 「전고(戰鼓)」를 창간하여 항일사상을 고취하였다. 1938년에는 장사(長沙)에서 임시

명[20]) 등과 함께 광동성 광주의 중산대학에 파견되어 초모공작을 통해 단원 조직. 1937년 10월 상해 지하공작 지원을 위해 홍콩에 파견됨. 1938년 유주에서 한국광복진선청년전시공작대원으로 정훈 공작. 1939년 11월 11일 중경에서 한국청년전지공작대를 창설, 선전조장으로 활동. 1941년 1월 1일 한국광복군 제5지대 공작조장. 1940.4~1941.12, 중국 중앙군 제34집단군 태행산 유격대의 한국청년전지공작대 제1분대장으로 태행산에서 초모공작 및 유격전.

박동운: 1916~1942. 평북 의주. 1936년 조국의 독립을 위한 항일투쟁에 투신하겠다는 큰 뜻을 품고 만주로 건너가 신경(장춘)에서 양복점을 경영.

정부의 명에 의하여 다시 상해로 돌아와 한국국민당 재건과 일제의 주요기관 폭파 및 요인 암살계획 등을 추진하였으며, 일본 전함(戰艦) 출운(出雲)의 폭파작전을 추진하였으나 일경에 탐지되어 실패하였다. 1939년 10월에는 한국광복진선(韓國光復陣線) 청년공작대에 입대하여 한중(韓中) 유대강화 및 첩보활동에 참가하였다. 1940년에는 중경(重慶)에서 「청년호성(靑年呼聲)」을 발행하여 민족정신 함양에 이바지하는 등 계속 활동하다가 조국의 광복을 보지 못하고 신병으로 영면하였다. 정부에서는 고인의 공훈을 기리기 위하여 1990년에 건국훈장 애국장(1977년 건국포장)을 추서하였다. 〈독립유공자 공훈록 5권, 1988〉

20) 한도명(韓道明 본명 金應三, 1910.12~1942.6), 평북 선천(宣川) 사람이다. 남경 한국애국단에 입단하여 1940년 8월에 제남전투(濟南戰鬪)에 참전하였으며 중국중앙군관학교 4분교와 통계국 참모훈련반을 졸업하였다. 1941년 3월 1일에는 임시정부 청사에서 광복군 제3징모처 위원 임명식이 성대하게 거행되었는데 그는 징모3분처 위원 겸 훈련조장에 임명되어 금화(金華) 지역에서 대적선전방송, 정보수집 및 일본군 포로 심사 등의 일을 수행하였다. 1942년에 절동전투에 참전하여 절강성 난계역(蘭溪驛)에서 부상을 당하고, 그후 후유증으로 영면하였다. 정부에서는 고인의 공훈을 기리기 위하여 1991년에 건국훈장 애국장(1963년 대통령표창)이 추서하였다. 〈독립유공자 공훈록 5권, 1988〉

1938년 5월 임정을 찾아 남경으로 가는 도중 제남에서 여행증 문제로 일본 경찰에 체포되어 5개월 남짓 고생하다 석가장에서 유랑. 이때 민간인으로서 소기의 목적을 달성하기 어렵다고 판단하고, 「불입호혈 부득호자」(호랑이 굴에 들어가야 호랑이를 잡을수 있다)의 결심으로 일본 헌병대 통역원에 지원 선발되어 1938년 11월 20일 최전방에 위치한 영제 헌병대에 배속됨. 1940년 탈출에 성공, 한국청년전지공작대 대원으로 활약.

박동은이 일본 헌병대에서 탈출하여 우리와 합류하게 된 과정은 다음과 같다. 물론, 이것은 「나월환 사건」과 어떤 관계가 있는 것은 아니다. 그러나 박동운의 탈출은 우리들의 공작활동과 중국 대륙에서의 항일투쟁이 얼마나 난고했었는가를 말해주는 작은 사례가 된다는 점에서 소개해둔다. 박동운이 통역원으로 선발되어 부임한 영제 헌병대에는 당시 분대장(준위) 1명, 헌병 12명, 한국인 통역원 2명, 중국인 정찰 5명 등 모두 20명이 있었다. 부임 후 박동운은 중국 유격대원들의 통역을 담당했는데, 이 때문에 그는 중국 유격대원들과 빈번히 접촉하게 되었고, 그래서 자연스럽게 그들과의 관계 또한 깊어지고 두터워지게 되었다. 1939년 6월, 일군에 체포된 중국 유격대의 모 대장의 통역을 맡게 된 일은 후일 박동운의 탈출 성공에 결정적인 계기가 되었다. 박동운은 유격대장에게 어떻게 해서든 살려 보낼 터이니 훗날 자신이 탈출할 때 적극 협조해 줄 것을 부탁했고, 그 유격대장은 반드시 신의를 지키겠다고 약속을 했다. 이에 박동운은 헌병대 분대장을 설득했다. 유격대장 한 명 사형 시킨다해서 유격대를 괴멸 시킬 수는 없는 것이니, 차라리 유격대장을 매수하여 일군에 협조케 하는 편이 더 효과적이 아니겠느냐고 설득, 그를 석방하게 했다. 이 일 이후 박동운과 중국 유격대와의 관계는 더욱 돈독하게 되었다.

1940년 정초, 박동운은 중국 유격대와 합작하여 거사하기로 한 계획을 포기, 사형언도를 받고 집행만을 기다리던 5명의 유격대원을 탈출시키기로 작정했다. 동운은 같은 헌병대에 있던 중국인 가자후와 같이 일을 시작하였다. 마침 신정이라 일본 헌병들은 들뜬 기분으로 모두들 주지육림에 빠져 있어 기회가 좋았다. 1월 3일 박동운은 분대장이 출타한 틈을 타 사무실에 비치된 군사용 지도 25매, 전신 암호책, 각종 명령문서, 그리고 압수된 반전병사들의 편지 등을 탈취, 마대에 담았다. 군복 두벌도 여분으로 준비해둔 박동운은 날이 밝기를 기다렸다. 아침 8시에 성문이 열리기 때문이었다. 긴장된 시간이 흐르고 드디어 날이 밝았다. 다행히도 그때까지 헌병대로 귀대한 사람은 아무도 없었다. 모두들 틀림없이 밤새도록 술을마서 취해 쓰러져 있거나 색시 집에 갔을 것이었다. 4일 아침, 이날 당번은 박동운과 일본군 헌병 1명. 박동운은 일본군 헌병이 사무실을 비울 수 없게 하기 위해 일부러 들락날락거리며 밖으로 나돌았다. 7시 30분, 박동운은 감방문을 열고 중국 유격대원 5명을 풀어주었다. 그리고 2명에게 군복을 입혔다. 권총 6정, 경기관총 실탄 6백발, 문서로 가득 찬 마대 하나, 세 필의 말과 자전거 1대를 준비해둔 박동운은 마대는 말에 싣고, 실탄을 자전거에 실었다. 유격대원들에게 권총 1정씩을 나누어준 박동운은 군복 입힌 유격대원 2명은 말을 타게 하고 다른 한명은 자전거, 그리고 나머지 두 명은 걷게 했다. 말에 올라 탄 박동운은 호호탕탕하게 성문을 향했다. 성문에는 8명의 헌병이 지키고 있었다. 박동운 일행이 도착하자, 헌병들이 가로막았다. 박동운은 정색을 하고 소리쳤다.『어찌하여 나를 막는가? 나는 헌병이다. 지금 나는 이들 밀정과 함께 성밖의 군정을 살피기 위해 나가는 길이다. 알겠는가?』당당하기 짝이 없는 박동운의 고함소리에 헌병들은 경례를 올렸다. 박동운 일행은 최후의 난관인 영제성을 보무도 당당하게 벗어났다.

헌병들의 시선을 벗어나자마자 박동운 일행은 있는 힘을 다해 앞으로 달렸다. 성밖 1리(?) 떨어진 지점에 이르러 전날 저녁 약속한 중국 유격대원들과 접선, 그들의 안내를 받아 20여리 가량 떨어진 마을에 도착했다. 그곳 촌장은 마을에서 1리 정도 떨어진 산언덕에 피신처를 마련해 주었다. 그날 저녁 8시쯤 마을 쪽에서 개짖는 소리가 요란하게 들려왔다. 일본군이 마을을 완전 포위한 것이다. 박동운 일행은 쉴틈도 없이 1백여리를 더 걸어 안전지대로 피신했다. 후에 알게 된 일이지만, 한간(일본군 정찰을 맡은 중국인을 이렇게 부른다)의 밀고로 일본군이 출동, 촌장, 부촌장과 마을사람 1명을 잡아가 총살했다.

5일 저녁, 유격지대 본부에 도착한 박동운 일행은 열렬한 환영을 받았다. 박동운의 탈출은 성공했다. 그러나 일본군은 야포와 기관총으로 무장한 80여명의 병력을 출동시켜 유격대 소탕작전에 나섰고, 이에 맞서 유격지대는 일본군과 치열한 전투를 벌였다. 이 전투로 일본군 13명이 목숨을 잃었고, 5명의 유격대원이 장렬하게 전사했다(추헌수 편, 한국독립운동 3권, 연세대학교 출판부, p136, 「1973.8.15. 발행」 참조). 탈출에 성공한 박동운은 1940년 초 한국청년전지공작대에 입대, 공작활동에 크게 이바지했다.

「나월환 사건」에 직, 간접적으로 관계된 대원들은 위에 간략히 소개해 보인 대로 나월환, 김동수, 이하유, 박기성, 이재현, 박동운 등이다. 앞에서도 밝혔듯이 2백여리나 되는 노안과 초작 사이를 정신없이 오가며 태행산 공작을 펼치던 나는 1941년 12월 5지대 본부로 귀대, 연말을 오랜만에 쉬고자 했었다. 그러나 사정은 여의치 않아 휴식은커녕 오히려 심신이 더 곤고해졌다. 「나월환 사건」이 벌어진 것 이다.

귀대한 지 얼마 지나지 않아서였다. 하루는 박동운이 나를 만나자고 했다. 그는 비록 공작대에 입대한지 얼마 되지는 않았지만, 태행산에서 초모

된 인원을 서안 본부로 안내하는 일을 맡아 그와 나는 한동안 생사고락을 함께 했었다. 그리고 그때 우리는 혁명 운동에 대한 여러 가지 문제에 대해 가슴을 열고 기탄없이 토론하곤 했었는데, 그런 인연으로 해서 박동운은 지대 안에서는 비교적 나와 가까운 편이었다. 더욱이 그는 이하유를 절대 신뢰하고 있었고, 이하유와 나와의 관계 또한 매우 돈독했었기에 동운은 나를 가까이 했다. 아무튼 우리는 지대본부 뒤 운동장으로 나가 인적이 없는 한쪽 구석에 자리를 잡고 이런저런 얘기를 나누었다. 주로 내가 태행산에 있을 때 본부 안에서 일어난 일들이었는데, 지대 사정을 들려주면서 그는 점차 격앙되기 시작했다. 이하유와 나월환 사이가 사고방식과 행동에 있어 서로 판이하게 다르고 이 때문에 서로 대립하면서 갈등이 생기고, 때때로는 상당히 심각한 상황으로까지 발전하는 것을 동운 역시 몹시 안타깝게 여겼던 것 같았다. 그리고 이들 두 사람의 일은 단순히 이하유와 월환 사이의 문제에 그치는 것이 아니라 동지들 모두의 문제, 나아가서는 공작의 성패에까지 악영향을 끼칠 것이라는 것이 그의 생각인 것 같았다.

　얘기 끝에 동운은 마침내 그의 속뜻을 비쳤다. 월환을 제거하겠다는 것이었다. 망연자실, 그때 나는 어찌해야 할지 잠시 어리벙벙했다. 동운의 과격한 성격과 불타는 정의감을 익히 알고는 있었지만, 그리고 동운의 그런 속뜻이 결코 사사로운 감정에서 비롯하는 것이 아님은 짐작할 수 있었지만, 그러나 절대로 그럴 수는 없는 일. 어찌하여 일이 이지경에까지 이르렀는가. 나는 가슴이 무너지는 것 같았다. 여러 가지 생각에 한동안 말이 없던 나는 동운을 달랬다. 『동운 동지, 조금만 더 참고 기다려. 그리고 그 일은 간부들에게 맡겨두게. 어떻게 해서든 월환이가 중경에 가서 몇 달 쉬도록 해볼테니까. 날 믿어. 내 최선을 다할 테니까 말이야』. 나는 5지대 간부로서의 책임감을 통감했다. 나월환 문제는 차후 할 일이요, 무엇보다도 화

급한 섯은 동운의 격앙된 감정을 진정시키는 일이었다. 이런저런 얘기를 나눈 끝에 동운은 마음도 웬만큼 가라앉았다. 몇 시간이 지났을 것이었다. 우리는 하루빨리 일이 잘 수습되기를 서로 바라면서 그날의 긴 대화를 마쳤다.

한국광복군 제2지대의 항일투쟁 〈7〉

그날 밤, 나는 한숨도 눈을 붙이지 못하고 뜬 눈으로 아침을 맞았다. 도대체 누구와 이 일을 의논해서 아무 일 없었던 것처럼 처리한단 말인가. 동운의 태도로 미루어 볼 때 하루가 급한데 앞으로의 일이 참으로 아득하고 캄캄했다. 나월환과 나는 그리 친한 사이는 아니었다. 내가 월환을 처음 만난 것은 중경에서 한국청년전지공작대를 조직할 때였고, 서안으로 본부를 옮긴 후에도 나는 일선에 나가 공작 활동을 해왔기 때문에 그와 함께 보낸 시간이 그렇게 많지가 않았다. 월환은 나의 혁명 동지임에는 틀림없으나, 그러나 흉금을 털어놓고 깊은 대화를 나누는 사이는 아니었다. 그가 당사자이어서가 아니라 그때까지의 그와 나의 관계로 보아 동운의 속뜻을 상의할 수는 없었다. 김동수(김강)는 어려서부터 한 동네(상해 애인리)에서 자라 소학교도 함께 다녔기 때문에 나와는 무척 친한 사이였다. 그러나 그는 성격이 울뚝하고 감정적인 편이라 이처럼 델리키트한 문제를 의논하기에는 적절하지가 않았다. 더욱이 앞에서 말했듯이 지난번의 총격사건도 있고 해서 그와 상의한다는 것은 오히려 일을 걷잡을 수 없이 확대시킬 것 같았다. 아무리 생각하고 또 궁리해봐도 역시 하유밖에 없었다. 하유와 월환과의 사이가 심각해진 데서 연유한 것이니, 어떻게 보면 하유도 당사자라 할 수 있어 썩 내키지는 않았지만, 그러나 5지대 간부들 중에서 머리 맞대고 의논해 볼 사람은 그밖에 없었다.

하유는 5지대 대원들의 정신적 지주라 할 만큼 대원들 사이에서 존경과 믿음이 두터웠다. 이에 비해 월환은 리더쉽에 있어서나 평소 행동에 약간의 문제가 있어 대원들의 신망을 얻지 못하는 편이었다. 더욱이 월환은 시기심이 강한 편이었는데, 이런 것들이 복합적으로 작용해서 일부 대원들 사이에 동운과 같은 불만이 있었던 것 같다. 월환은 공작대 이전에 중앙군 헌병대 중령으로 군 생활을 했기 때문에 생활이 넉넉한 편이었다. 당시 그는 애인이 있었는데, 그녀는 공작대 대장이 된 후에도 군복이며 용돈 등을 대주었고, 그래서 그의 사생활은 비교적 여유가 있었다. 그런데 그 무렵 대부분의 대원들은 된장국도 제대로 먹지 못하던 형편이었고, 그래서 나월환의 넉넉한 생활은 대원들의 감정을 자극하곤 했었다. 낯설고 물설은 타국 땅에서 조국의 광복을 위해 온갖 어려움을 감수하는 혁명 동지들의 간고한 입장을 조금이라도 헤아렸더라면 비록 개인적으로 여유가 있다 하더라도 눈에 드러내지 않았을 터인데, 월환은 이점에서 실수를 했던 것이다. 말하자면 일부 대원들의 불만은 혁명운동 단체생활에 미숙했던 월환 자신의 이 같은 사생활에서 비롯되는 것이었다. 또한 절제된 몸가짐으로 대원들과 동고동락하는 이하유가 동지들의 신망을 한몸에 받자, 월환은 이를 눈에 띄게 시기하게 되었고 이런 가운데 대원들의 불만은 더욱 커지고 월환과 이하유와의 관계가 걷잡을 수 없이 악화된 것이었다. 이런 당시의 사정을 구체적으로 증언하는 박기성 장군의 회고록「나와 조국」을 보자.

『나월환이 나에게 말하기를, "우리끼리 우리나라 일을 해보도록 하자."고 종용하는 것이었다. 그러나 나는 쉽게 그의 말에 응하지 않았다. 그러자 나월환과 이하유는 끈덕지게 나를 찾아와서 같이 우리나라 일을 하자고 종용하어 하는 수 없이 나도 찬성했다(여기서 우리나라 일이란 공작대 조직을 말함. 필자). 어느 날, 이 말을 유자명이에게 했더니, 그의 말이 "그 불덩이들만 모여있는데, 자네가 끼게 되니 내 마음이 놓이네, 잘 부탁하네." 하는 것이었다. 내가 언젠가 유자명씨에게 얘기했을 때는 묵묵부답이더니 어떻게 되어 그때는 찬성하는지 그의 의중이 의심스럽기도 했었다. (중략) 나월환은 머리가 우수할 뿐만 아니라 여러 가지 장점이 많은데 반해 단점도 많았다. 아무튼 대원들간의 여론이 좋지 않아서 제일 가깝고 그를 잘 알고 있는 나는 틈만 있으면 그에게 충고를 해주었다. "나대장, 지금 현재 나대장에 대한 대원들간의 여론이 좋지 않으니 매사에 조심해주게." 했다. 그러나 나월환은 조금도 수그러들지 않고, "아니 내가 뭐가 어쨌다는 거요. 도대체 어떤 놈이 나더러 뭐라고 합디까! 뭘을 조심하라고 합디까?" 이렇게 응수하며 여전히 그의 태도는 변함이 없었다. 그러나 나는 진심에서 "-뭐라곤가 딱 집어서 얘기하기는 곤란하네만, 내 생각에 자네는 한동안 어디가서 쉬었다 왔으면 싶네." 이렇게 말해 두었다. 그러자 그의 말이 "나는 굵고 짧게 살 생각이오. 내가 어떻게 되든 박형은 나에게 개의치 말아 주시오." 하는 것이었다. 이때부터 나는 그의 말대로 일체 그에게 아무말도 하지않았다. 어쨌든 그 뒤에도 나월환과 이하유는 걸핏하면 다퉜다. 무슨 일로 다투게 되는지 알아보면 하찮기 짝이 없는 일이었다. 그걸 본 나는 역시 나월환은 지도자다운 덕이 없는 사람임을 알게 되었다. 아직도 이하유를 다룰 수 없는 그가 어떻게 대장의 자격이 있는가. (중략) 설사 그가 우리 한국청년전지공작대의 자금을 모두 유흥가에 썼다고 하자. 그리고 단점이 많은 사람이라고 하자. -(중략)』, (박기성, 나와 조국, 도서출판 시온 1984.7.25 발행).

박동운의 속뜻을 알게 된 나는 이 문제를 놓고 이하유와 의논해봤다. 동운은 생명의 위협도 느끼는 것 같았다. 그러나 별다른 해결책이 나오지 않았다. 구양군(박기성)이 증언한 것처럼 월환은 누구의 충고도 귀담아 듣지 않고 막무가내였다. 물론 5지대 본부의 분위기는 날이 갈수록 더욱 험악해졌다. 마치 터지지않은 시한폭탄을 곁에 두고 생활하는 것 같았다. 이렇게 어수선한 가운데 해가 바뀌어 운명의 1942년을 맞았다. 1942년 3월 1일. 3.1절 기념식은 5지대 본부에서 거행하게 되어있었다. 지대의 본부 요원들은 제1, 2구대가 귀대하기를 기다렸다. 1, 2구대원들은 간4단에서 훈련을 받고 있었던 것이다. 지대본부와 간4단과의 거리는 약 5킬로미터. 아침에 1, 2구대가 본부에 도착, 성황리에 기념식을 마쳤고, 대원들은 해산했다. 자유시간을 갖게 된 대원들은 제각기 모처럼의 휴일을 즐기기 위해 삼삼오오 짝을 지어 뿔뿔이 흩어졌다.

대원들이 운동장에서 모두 빠져 나가고나자 지대본부에는 정적이 감돌았다. 주위가 고요해지자 나도 차한잔 들며 한가롭게 휴식을 취하고 싶었다. 나는 밖으로 나가 지대 본부 정문 앞의 끓는 물 파는 가게에서 차를 마시며 잠시 상념에 잠겼다(당시 중국에는 끓인 물을 파는 가게가 거리마다 있었는데 여기서 차를 팔았다. 가정집에서도 필요하면 이런 가게에서 끓은 물을 몇 국자씩 사다 쓰곤 했다). 그러게 얼마나 지났을까. 박동운이 헐레발떡 달려 왔다. 벌겋게 상기된 그의 얼굴에서 나는 직감적으로 심상치 않은 일이 일어났음을 알아챘다. 아니나 다를까, 그가 내게 내뱉은 첫마디는『해치웠어!』였다. 순간 가슴이 철렁 내려앉았다. 눈앞이 캄캄해진 나는 아무 댓구도 하지 못하고, 정신 나간 사람처럼 멍하니 앉아있었다. 「나월환 사건」은 이렇게 벌어졌다.

사건이 터지자 지대 본부는 갈피를 잡을 수 없을 만큼 어수선했다. 간부들은 간부들대로 대원들은 대원들대로 아무것도 할 수가 없었다. 그렇게 며칠 지났다. 이하유, 김강, 박동운 동지가 잡혀 들어갔다. 허탈! 나는 뭐가 무엇인지 알 수가 없었다. 분명한 것은 월환은 죽었고, 동지들은 다 잡혀가고 나만 홀로 남아 있다는 것뿐이었다. 나는 외로이 지대 본부를 지키면서 하늘만 바라보며 나날을 보냈다. 사건발생 일주일쯤 지난 어느날, 그날도 나는 지대 본부 당직실 앞에서 멍청히 하늘을 바라보고 있었는데, 1개소대 정도의 병력이 인력거를 앞세우고 본부 정문으로 들어오고 있었다. 그러나 나는 아무 생각없이 그들이 내 앞에 도착할 때까지 물끄러미 쳐다보고만 있었다. 그들은 본부 앞에서 멈췄다. 그들 중 군인 하나가 내 앞으로 다가와 물었다. 『李海平在那裡?』(이해평 어디 있는가?). 나는 잠시 기다리라고 답하고 나서 내 침실로 들어가 군복을 갈아입었다. 나도 동지들처럼 잡혀가는 것이 분명했지만, 마음은 오히려 담담했다. 물론 그때 나는 얼마든지 피신할 수는 있었다. 또한 자칫하면 억울하게 당할 수도 있는 일이라 사건이 명백하게 밝혀질 때까지는 일단 자리를 피하는 것이 현명한 일이었을지도 모른다. 그러나 그때 나는 나의 갈길은 오직 동지들 곁이라는 생각밖에는 아무 생각이 없었다. 평온한 마음으로 그들에게 되돌아온 나는 그 군인에게 『我是海平.』(내가 이해평이다.)라고 밝혔다. 그들은 나를 인력거에 태우고, 내 눈을 수건으로 가렸다.

한국광복군 제2지대의 항일투쟁 〈8〉

나는 눈을 가리운 채 어디론가 끌려가고 있었다. 먼저 잡혀간 동지들의 행방과 소식은 묘연했지만, 문득 그들 동지 곁으로 가는구나 하는 생각이 들었다. 그들이 몹시 보고싶었다. 그러나 그것도 잠시, 내게 남아 있는 것은 체념뿐이었다.

얼마를 그렇게 달렸을까. 나는 명령대로 인력거에서 내렸다. 나를 호위해가던 군인 두명이 내 팔을 양쪽에서 붙잡았다. 우리는 그렇게 한참을 걸었다. 제자리에서 이리 갔다 저리 갔다 하는 것같기도 했는데, 아무튼 방향조차 알 수가 없었다. 얼마 후 외나무다리를 건너는 것 같더니, 어떤 문안으로 들어섰고 다시 외나무다리를 건너는 것 같았다. 그때 동운의 비명소리와 함께 고문하는 고함소리가 들려왔다. 동지들이 심한 고문을 당하는 모양이었다. 어쩌면 미리 겁을 주기 위해 일부러 그 근처를 지나갔는지도 모를 일이었지만, 그러나 내 마음은 지극히 담담했었다. 그곳에서 얼마 떨어지지 않은 곳에 있는 어떤 집 대문에 들어서자, 그때서야 군인들은 눈을 가렸던 수건을 풀어주었다. 그리고는 곧장 감방같은 곳에 밀어 넣었다. 둘러보니, 사방이 흙벽으로 된 토굴같은 방이었는데, 서너 명이 겨우 잘수 있을 정도로 비좁아 보였다.

컴컴한 방에 떠밀려 들어온 나는 앞으로 다가올 일들이 너무 아득하고 막연해서 멍청이 서 있었다. 어느 새 밤이 되었는지, 주위가 칠흑같이 어두워졌다. 어둠 속에서 나는 다시 끌려나갔다. 드디어 올 것이 온 모양이었다. 그들은 나를 깜깜한 방으로 데려가서 의자에 앉혔다. 내 앞에는 책상 하나가 놓여 있었는데, 갑자기 그쪽에서 눈부신 불빛이 내게 비쳐졌다. 책상 위의 촉수 높은 전등을 내 얼굴을 향해 켰던 것이다. 책상 쪽에서 사람 목소리는 들려오는데, 너무 눈이 부신 탓인지 사람모습은 커녕 아무것도 보이지 않았다. 그런 상황속에서 심문이 시작되었다. 당시 나는 중국 사람으로 오해할 만큼 중국어에 능통했던 편이어서, 그들이 나를 심문하는데는 별다른 어려움이 없었다. 그리고 나 또한 이미 체념한 상태라, 「나월환사건」에 대한 모든 것들을 숨김없이 털어놓았다. 위협이나 구타도 없었고, 고

문도 하지 않았다. 그래서 심문이라기보다는 그 사건에 대한 나의 진술을 듣는 자리같기도 했다. 모든 것을 다 듣고 난 다음, 마지막으로「사건」이 일어난 사실을 알게 된 다음에도 어찌해서 곧바로 보고하지 않았는가를 따져 물었다. 참으로 난처하기 짝이 없는 질문이었다. 사건 당시의 나의 심정을 어떻게 설명해야 할지, 또한 비록 자세하게 설명한다 하더라도 국적이 다른 그들이 제대로 이해할 수 있을지 난감할 뿐이었다. 이런저런 해명이 필요없는 일 그래서 나는 간단하게 잘라 말했다.『목숨을 걸고 혁명을 맹세한 동지들 사이에 일어난 일인데, 광복군 장교로서 차라리 처벌을 받으면 받았지 어찌 내입으로 보고 할 수 있겠는가. 그래서 피할 수도 있었지만 현장에서 그대들을 기다리고 있었지 않은가.』자그마한 체구라, 고문할 만한 몸집이 아니라고 여겼는지 모르지만, 아무튼 그들은 채찍 한번 휘두르지 않고 나를 토굴 같은「내 방」으로 돌려 보냈다.

　나에 대한 심문은 그 한번으로 끝났지만, 그러나 그때 나는 그러한 사정을 전혀 알 수가 없었고, 그래서 동지들의 안부가 더욱 궁금했었다. 다음날 날이 밝은 후, 나는 비로소 주위환경을 대충 짐작할 수 있었다. 감방은 중앙에 열 자 정도의 통로가 나 있었고, 그 양쪽으로 내 방같은 방들이 5, 6개씩 있었다. 하지만, 어느 곳에도 하유나 동수, 동운 동지의 모습은 보이지 않았다. 그 감방에서의 며칠이 지났다. 그동안 나는 단 한번도 불려나가지 않았고, 상황 또한 변화가 없었다. 그러나 그 사이 나는 내가 갇혀 있는 감방의 주변 사정을 보다 자세히 알게 되었다. 그곳에는 여러 개의 감방들이 있었다. 내 감방 옆에도 담장 하나를 사이에 두고 비슷한 크기의 감방들이 있었는데, 통로 끝에 있는 변소는 이쪽 저쪽 소식을 서로 알려 정보 교환소로 이용되었다. 변소는 담장을 사이에 두고 잇닿아 있었는데, 공교롭게도 담장 벽에 연필하나 들어갈 만한 크기의 구멍이 뚫려있었고, 그 구멍을 통하여 서로의 안부를 주고 받았던 것이다.

내가 갇혀 있던 감방은 간4단 특무대의 중영창으로, 중죄라고 판단되는 범죄자들만 투옥시키는 곳이었다. 이곳에는 주로 연안으로 가는 젊은이들이 수감되어 있었는데, 그래서 이곳은 한번 들어가면 다시 살아 나오지를 못하는 감방으로 알려졌다. 감시 또한 매우 삼엄해서, 죄수(?)들은 대부분 발목에 쇠고랑을 차고 다녔다. 감방 안에서는 물론이고, 하루에 두 차례 대소변도 보고 바람도 쏘이게 하는 「방풍」 시간에도 쇠고랑은 풀어지지 않았다. 심문이 끝난 다음날로 내 발목에도 너비가 한 치 가량 되는 쇠고랑이 채워졌다.

며칠이 지나 내 감방에 죄수 한 사람이 들어왔다. 그는 묻지도 않았는데, 자기는 무슨 죄명으로 끌려왔다고 통사정을 털어 놓았다. 그리고 나서 그는 나에게 무슨 일로 이곳에까지 오게 되었는가 물어왔다. 나는 별다른 생각없이 자초지종을 들려 주었고, 그는 참 안됐다면서 내 사정을 동정했다. 그리고 며칠 지나자 그는 살아 나가지 못한다는 이곳에서 풀려 나갔고, 다시 다른 죄수 한명이 들어왔다. 새로 들어온 죄수도 내게 통사정을 한 다음, 무엇 때문에 이곳에 들어왔는가를 물었고, 나는 아무 생각없이 내 사정을 들려주었다. 그리고 며칠이 지나면 새로운 죄수가 들어오고, 이렇게 죄수가 바뀌기를 몇 차례 거듭된 다음, 그때서야 나는 뭔가 수상하다고 생각했다. 나중에 알게 된 일이지만, 내 방을 거쳐간 사람들은 자기 목숨을 보전하기 위해 전향한 특무대의 정보원들이었다. 그들 정보원에게 들려준 이야기가 심문 당시의 진술내용 그대로였다는 것이 얼마나 다행한 일인지, 만에 하나 조금이라도 보태거나 숨겼더라면 아차 하는 순간에 내 운명은 전혀 다른 방향으로 흘러 갔을 지도 모를 일이었다.

그렇게 아슬아슬한 시간이 흐르고, 또 며칠이 더 지나 내 옆방에 묘령의 여학생이 들어왔다. 대단한 미모의 여성이었다. 그녀의 미모 때문이었는지, 아니면 여성이라는 점 때문에 그랬는지는 모르나, 내일 어떻게 될지 알 수 없는 내 처지를 잠시 망각한 채 그녀에 대한 동정으로 가슴이 아팠다. 누군가(내 감방에 있던 특무대 정보원 가운데 한 사람으로 생각된다) 그녀는 열렬한 혁명 여성이라고 귀뜸해준 후 동정심은 더 깊어졌다. 그녀는 「방풍」시간에 내 감방 앞을 지나가게 되는데, 그때마다 빙긋 지어보이는 가벼운 미소도 오히려 서글프고 처연하게 느껴졌다. 그러나 그것은 마음 뿐, 나는 그녀에게 위로의 말 한마디 전할 수가 없었다.

하루는 비가 내렸다. 멀리 떨어져 있는 주방에서 하루 세끼 만두를 찌기 위한 풀무 소리만 희미하게 들려올 뿐, 인기척도 없이 적막하기 이를 데 없는 감방에서 망연히 빗소리를 듣고 있노라니, 억누를 수 없는 외로움과 처량한 마음이 북받쳐 올랐다. 만리타국에서 조국의 독립을 위해 목숨을 내걸고 혁명 대열에 투신했고, 밤낮을 가리지 않고 말로 표현할 수 없는 갖은 고난 다 겪으며 오로지 조국의 광복을 위해 온몸을 불살라 왔는데, 그 꿈을 이루기는 커녕 감방 신세라니…. 흙벽에 기댄 채 이런저런 생각으로 울적해진 심사를 달래고 있는데, 어디선가 보스락거리는 소리가 들려 왔다. 귀를 기울이고 들어보니 그 소리는 왼편 흙벽쪽에서 나는 것이었다. 무슨 일인가, 그쪽은 미모의 여성이 갇혀있는 감방쪽인데. 온 신경을 집중하여 소리가 나는 흙벽쪽을 응시하고 있는데, 잠시 끊겼다 다시 들려오고 또 끊기고 하더니, 털실옷 짜는 대바늘만한 대꼬치가 흙벽을 뚫고 불쑥 나타났다. 뜻밖의 일이라 잠시 어리둥절해 있다가 자세히 살펴보니, 대꼬치 끝에 종이쪽지가 감겨 있었다. 쪽지에는 수필 비슷한 내용의 글씨가 씌여있었다. 비록 혁명 여성이라 하더라도 외롭다 보니 문학 소녀적인 취향이 생기고, 그래서 심심파적으로 자신의 심정을 글로 써 보낸 것 같았다. 그 이유야 어떻든 나로서는 무척 반가웠고, 신기하기조차 했다. 부슬부슬내리는 빗소리를 벗삼아 그녀가 보낸 글을 읽고 또 읽으며 적요한 하루를 보냈다.

옆방 여성은 그후에도 틈틈이 쪽지를 보내왔고, 내용도 개인적인 것으로 바뀌었다. 자신의 과거와 현재 처지에 대한 하소연을 담아 보내기도 했고, 우리 동지들에 대해 동정하는 마음을 보내기도 했는데, 내용이야 어떻든 나는 그녀의 쪽지를 읽는 즐거움으로 울적한 마음을 달래고 무료한 시간을 그럭저럭 보낼 수 있었다. 그래서 그녀가 쪽지를 보내지 않으면 은근히 기다려지기도 했다. 서신 연애라고 할까 동병상련이라 할까, 얼마 후 그녀는 내 사정이 궁금했는지 흙벽 구멍으로 연필과 종이를 보냈다. 처음에는 감방에서의 심사를 적어 보냈는데, 나중에는 사건의 전말 뿐 아니라 내 과거 지사까지 털어 놓게 되었다. 그런데 어찌 알았으랴. 그녀 또한 정보 수집을 위해 투옥된 정보원이었고, 따라서 그녀에게 보낸 내 쪽지들은 그때 그때 모두 특무대로 넘어갔던 것이다. 캐낼 것은 다 캐냈기 때문이었을까, 아니면 그녀가 맡은 임무가 완료되었음일까, 어느 날 그녀는 미련도 없다는 듯 훌훌 떠났다. 그러나 그때까지도 사정을 알지 못했던 나는 그녀의 떠남이 아쉽고 허전하기만 했다. 이제와서 그때의 일을 되돌아보면, 그 같은 정보 수집들이 오히려 나 자신은 물론 우리동지들에게 도움이 되지 않았나 하는 생각도 든다. 여러 정보원들을 통해 수집해간 나의 진술은 그것이 말로 한 것이든 쪽지로 남긴 것이든 모두 일관된 내용이었기 때문이다.

토굴 같은 감방에서의 생활이 석 달 가령 지났을까, 하루는 뜻밖에도 한유한(한형석[21]) 중교(중령)가 우리를 면회하러 왔다. 그때 그곳에는 동지들

---

21) 한형석(韓亨錫 일명 韓悠韓, 1910.2.21~1996.6.15), 부산 동래(東萊) 사람이다. 일찍이 부친 한흥교(韓興敎-*건국훈장 애국장)를 따라 중국으로 건너가 상해 신예(新藝)예술대학에서 수학하였다. 1939년 10월에 중경(重慶)에

7명이 갇혀 있었는데, 우리는 넓은 마당에 보여 한유한 동지가 마련해온 음식을 함께 먹었다. 모두들 몇 달만에 처음으로 얼굴들을 마주보게 된 처지라 하고픈 말들도 많았고, 그래서 서로 겪은 일들이며 궁금해 했던 것들을 듣고 들려주면서 오랜만에 속시원히 가슴을 털어 놓았다. 그저 서 있는 것만으로도 후련해지는 넓은 마당, 보고파 했던 동지들의 모습, 그날 우리들은 난고했던 그 동안의 일을 잠시 잊고 즐거운 시간을 보냈다. 더욱이 우리의 앞날에 대해 어떤 언질을 준 것은 아니지만, 한동지의 표정과 말 속에서 직감적으로 아직 희망은 있구나 하는 느낌을 받았다. 그것은 비단 나 혼자만의 느낌이 아니라, 모두들 그렇게 생각했을 것이었다.

한국광복군 제2지대의 항일투쟁 〈9〉

내가 직감했던 것처럼, 한유한 중교가 다녀간 지 얼마 지나지 않아 우리

서 한국청년전지공작대가 결성되자 그는 예술조장으로 임명되어 군가인 "한국행진곡(韓國行進曲)", "항전가곡(抗戰歌曲)"을 작곡하였으며, 서안(西安) 등지에서 "국경의 밤", "아리랑" 등을 공연하여 군민(軍民)을 위안하고 항일의식을 고취시켰다. 1940년에는 중국 중앙전시간부훈련 제4단 특과총대학원대 한청반(中央戰時幹部訓練 第四團 特科總大學員隊韓靑班)에서 교관을 역임하였다. 1941년 1월 한국청년전지공작대는 광복군 제5지대로 편입되었으며, 그는 광복군가집 1, 2집을 발간하고 국기가(國旗歌), 광복군 제2지대가, 압록강행진곡, 조국행진곡 등 항일가곡을 작곡하였다. 1944년 10월 그는 광복군 제2지대 선전대장에 선임되어 복무하면서 작곡 및 가극 활동으로 침체된 항일정신을 고취하고 광복군과 중국군 연합전선을 한층 견고히 하는데 많은 영향을 주었다. 정부에서는 그의 공훈을 기리기 위하여 1990년에 건국훈장 애국장(1977년 건국포장)을 수여하였다. 〈독립유공자 공훈록 5권, 1988〉

들은 그 지옥같은 간4단 특무대 영창에서 제34집단군 영창으로 옮겨졌다. 이곳은 서안의 유명한 대안탑·소안탑이 있는 명소에 위치해 있었는데, 법에 따라 재판하고 처벌하는 곳이었다. 뜰도 있고, 감방도 특무대에 비해 훨씬 넓었다. 우리 동지들은 두 개의 감방에 분산 수감되었다. 그리고 매일 서로의 얼굴도 보고, 이야기도 마음대로 할 수 있었다. 영창 관리인들 또한 친절했다. 뜰에 제멋대로 자라 있는 잡초 가운데 명아주를 골라 뽑아 명아주 국을 끓여 먹기도 했다. 특무대 영창에 비하면 이곳은 천국이었다. 김강과 박동운, 김천성, 이도순 등은 정문 입구에서 오른쪽 감방에, 나는 하유, 김용주 등과 함께 그 왼쪽 감방에 수감되었는데, 내가 있던 감방의 창문이 박동운 등의 감방 뜰 쪽으로 나 있었다. 그래서 다른 감방에 수감된 동지들과도 「방풍」때 창문을 통해 서로 대화를 나눌 수 있었다. 나는 특히 동운, 천성 등과 많은 이야기를 나누었다. 앞으로 우리들이 어떻게 될 것인가에 대해서뿐 아니라, 혁명 철학이며 공산주의, 변증법 등 감방 안에서 각자가 생각했던 문제들에 대해 거침없이 토론했었다. 우리들의 토론은 매우 진지했었고, 비록 그 시간은 짧았지만, 대단히 유익하고 즐거웠다.

이곳 감방에서도 우리 동지들 외에 낯선 죄수들이 수감되었다 풀려나곤 했는데, 그들은 34집단군 정보원들이었다. 나중에 알게 된 일이지만, 우리들은 후뽀이[22] 선생의 도움으로 재심을 받을 수 있었다. 당시 후뽀이 선생

---

22) 전지공작대가 중국군 제34집단군과 연계하여 활동할 수 있던 것은, 제34집단군 사령관 호종남의 스승인 중국인 아나키스트 엽정수(葉淨秀)와 비서인 호보일(胡保一: 후뽀이)이 무정부주의자였으므로 그들의 소개로 가능하였다고 한다. 전지공작대에 관한 연구로는 韓詩俊, 『韓國光復軍研究』(一潮閣, 1997)과 박환, 「中日戰爭以後 中國地域 韓人 無政府主義系列의 向背－韓國靑年戰地工作隊를 중심으로」, 『한국민족운동사연구』 16, 1997이 있다. 〈대한민국임시정부자료집 15권 한국광복군 Ⅵ, 해제〉

은 34집단군 시령관(호종남)의 선생(고문)으로, 우리 동지들을 호종남 시령관에게 「만리 이역땅에서 조국의 독립을 위해 분투하고 있는 젊은 혁명아들이고, 또한 지난 2, 3년 동안의 항일업적도 훌륭하니 사건과 직접 관련이 있는 당사자(즉 박동운)만 처벌하고 그 밖의 청년들은 살려주는 것이 좋겠다.」고 적극 권유했다는 것이다. 그리하여 우리 동지들은 34집단군 영창에서 재심을 받게 되었다. 그러나 실질적인 심문은 없었고, 특무대 영창에서처럼 함께 수감된 정보원들에 의한 간접적인 재심이 전부였다.

34집단군 영창에 이감되고 3개월 가량 지난 어느 날, 마침내 운명의 시간이 다가왔다. 그날 새별, 감방 대문 밖에서 『해평!』하고 부르짖는 동운의 외마디 소리가 새벽의 찬 공기를 가르며 들렸다. 깜짝 놀란 나는 창문 쪽으로 다가가 귀를 기울이며, 창 밖의 뜰을 살펴 봤다. 그러나 주위는 새벽의 정적만이 고즈넉할 뿐, 나를 부르는 소리는 다시 들리지 않았다. 그것은 대문 밖에서 「주연」(형장으로 가기전에 사형수에게 주는 술)을 받은 동운이 이 세상에서의 마지막 한잔의 술을 마시며 부르짖은 절규였다. 「불입호혈부득호자」라는 신념으로 혁명을 위해 일본군 헌병대에 자원 입대했고, 1940년 탈출에 성공하여 한국청년전지공작대 대원으로서 눈부신 활약을 한 박동운, 오매불망 그렇게 바라던 조국의 광복도 보지 못한 채 만리 타국에서 형장의 이슬로 사라져간 동운, 그 박동운이 죽음을 눈 앞에 두고 가슴에 쌓인 한을 쏟아놓듯이 내뱉은 한마디, 『해평!』. 그 외마디가 아직도 여운처럼 내 귀에 남아있다.

그날 아침 식사 후, 남아있는 우리 동지들은 발목에 매달아 놓은 쇠고랑을 질질끌고 군법재판을 받으러 갔다. 이하유-무기, 김강-무기, 이해평-무기, 그리고 그 밖의 네명의 동지들은 모두 7년의 징역을 선고받았다. 생명에 대한 애착은 인간의 본능적인 욕구인가, 나는 『이해평 무기!』 소리를 듣는 순간 『아 살았구나!』하고 안도의 한숨을 내쉬었다. 이것도 나중에 알게 된 일이지만, 당시의 「무기」는 실형 5년 후 총알받이로 최전선의 군대에 배치된다는 것이었다. 인생무상, 그때 살아남은 동지들도 모두 타계하여 이 세상에 없고, 고희를 지나 5년이나 더 살고 있는 나만 홀로 남아 이 글을 쓰고 있으니, 참으로 인생은 덧없고 무상한 것인가.

재판이 끝난 후, 우리들은 발목에 쇠고랑을 매단 채 서안 대로를 걸어 서안공자 1호 감옥으로 끌려 갔다. 감옥 생활은 말할 수 없이 처참했다. 식사는 쇼빵처럼 생긴 한 뼘 크기의 길다란 옥수수 만두 한 개에 흙탕물 한 그릇이었다. 반찬은 커녕 소금이나 간장 같은 것도 일체 주지않았다. 매일 똑같은 이런 식사는 사람에게 주는 음식이라고 할 수 없는 것이었다. 하지만 어쩔 수 없었다. 살아남기 위해서는 개밥보다 못한 식사지만, 짓씹어 먹어야 했다. 모두들 만두를 먼저 먹어야 했다. 흙탕물은 한동안 놓아두고 그릇 바닥에 흙가루가 고인 다음에 조심스럽게 마셔야 했다. 인간으로서의 한계 상황에 처한 것만 같은 참혹한 감옥 생활이었고, 그곳의 죄수들은 서서히 죽어가고 있었다. 하루 두 차례 2, 30분씩의 「방풍」시간에 우리들은 하루가 다르게 야위어 가는 모습들을 보며, 어떤 일이 있더라도 절망하지 말고 반드시 살아 남아야 한다고 서로 격려해 주었다.

1호 감옥에 수감된 지 한달이 지났을까, 어느 날 한유한 중교(중령)가 면회를 왔다.

이곳에서의 우리 동지들은 외부와의 접촉이 완전히 차단되어 있던 처지라, 반갑기 짝이 없었다. 그는 5지대 대본부 동지들이 갹출해서 모은 성금으로 부식까지 준비하여 넣어주었다. 눈물에 젖은 빵을 먹어보지 않은 사람은 인생에 대해 말하지 말라고 했던가. 동지들의 성금으로 마련해 차입해준 부식으로 우리들은 눈물겨운, 그러나 오랜만에 식사다운 식사를 하게 되었다. 한유한 동지는 그후에도 이따금씩 한 두달에 한번 정도로 면회를 계속 와주었다. 우리들에게 있어 그는 외부와의 유일한 통로였는데, 우리 동지들은 바깥 세상, 특히 5지대 동지들의 소식은 오로지 그를 통해서만 들을 수 있었던 것이었다.

서안에서의 감옥 생활이 1년 쯤 지나서였다. 1943년 봄이었던 것으로 기억되는데, 어느 날 뜻밖에도 새로 제2지대장으로 부임한 이범석[23] 장군이 면접을 위해 감옥을 방문했다. 그 무렵 한국광복군 제5지대는 총사령부의 기구개편으로 제2지대로 확대 개편되었는데, 총사령부 참모장직을 맡고 있던 철기 장군이 초대 지대장으로 임명 되었다. 당시 한국광복군의 기구 조직을 참모장 직은 소장, 지대장 직은 대령으로 되어 있었다. 그래서 철기 장군은 규정에 맞게 소장계급을 스스로 버리고 한 계급 낮은 대령 계급을 달고 2지대장에 부임했는데, 그는 어떤 사건을 계기로 우리들에 대해 관심을 갖게 되었고, 좀더 자세히 알아보려고 면회를 온 것이다. 어떤 사건이란 철기 장군에 대한 총격 미수사건을 말하는데, 후일 알게 된 일이지만, 철기

---

23) 철기 이범석(李範奭 일명 王雲山, 1900.10.20~1972.5.11).
　　1. 1919년 12월 북로군정서의 연성대장 취임
　　2. 1920년 4월 서로군정서 경영의 신흥무관학교 교관 취임
　　3. 1920년 9월 20일 총사령 김좌진과 함께 근거지인 장백산으로 이동하기
　　　위하여 여행단 조직단장 에 임명됨.
　　4. 1920년 10월 청산리전투에서 제2중대장으로 활약, 일군 '3개 여단과 교
　　　전' 적의 사상자 3,300여 명을 내게함.
　　5. 1923년 5월 연길현 명월구에서 김규식과 함께 고려혁명군을 조직하고
　　　기병사령에 취임함.
　　6. 1941년 9월 17일 중경에서 대한광복군을 창설 참모장에 취임하여 항일
　　　투쟁 중 해방됨.
　　〈국가보훈처 공적조서, 관리번호 4273번〉

장군은 제2지대장으로 부임한 지 얼마 지나지 않아 「배아민」이라는 대원으로부터 피격당할 뻔 했었다. 배아민은 5지대 시절의 지대장 송호성[24]과 매우 돈독한 사이였는데, 송호성이 지대장 직을 물러나게 된 데 대한 불만이 있었는지 아무튼 배아민[25] 대원은 철기 장군을 암살하려 했다.

---

24) 송호성(宋虎聲, 1889~1959), 함경남도 함주(咸州)출신. 본명은 호(虎)인데, 독립운동 당시에는 홍만(弘萬) 등의 가명도 썼다. 1913년 보성전문학교를 중퇴하고 중국에 가서 중국 국적을 얻고 보정군관학교(保定軍官學校)를 졸업한 후, 중국 군벌의 기병대대장, 연대장과 국부군(國府軍)의 기병사단장을 역임하였다. 1933년 중국 중앙군관학교 뤼양[洛陽] 분교의 한국청년특별반 교관 겸 편련처장(編練處長)을 지냈고, 1942년 한국광복군 제5지대장이 되었으며, 이후 충칭[重慶]의 임시정부에도 관여하였다. 1946년 국방경비대(조선경비대) 사관학교 2기로 입학하였다. 사관학교를 마치고 연대장을 거쳐 조선경비대 제2대대 총사령에 취임하였다. 1947년 육군 최초의 장성인 준장이 되고, 정부 수립 후 1948년 육군총사령관이 되었다. 그해 여수·순천 10·19사건이 일어났을 때, 반란군 토벌 전투사령관에 임명되어 진압작전을 진두 지휘하였으나, 여수 근교에서 반란군의 기습을 받아 참패했다. 또 그해에 육군총사령관이 육군참모총장으로 명칭이 바뀌면서 대통령 이승만(李承晩)은 김구(金九)와 가까운 그를 신설 예비군 조직인 호국군사령관으로 좌천시켰다가 1949년 신설 5사단의 사단장에 임명하였다. 1950년 6월 초에는 역시 예비군 조직인 청년방위대의 고문단장으로 좌천되었다. 보름 후 6·25전쟁이 일어나자, 군조직의 외곽지대에 있던 그는 한강대교 폭파로 남하에 실패하여 김규식(金奎植)의 집에 머물다가 9·28서울 수복 직전 북한군에게 납북되었다. 납북된 후 국제 간첩 혐의 및 반혁명분자로 체포되었고, 1958년 이후 평안남도 양덕(陽德)에서 수감생활을 하다가 1959년 사망하였다. 북한측 자료에는 1953년 인민군해방전사여단 단장을 지냈고, 휴전 후 조소앙(趙素昂)·안재홍(安在鴻) 등과 함께 '자주적 통일방침'이라는 6인 공동성명을 발표하였으며, 1956년 재북평화통일촉진협회 상무위원을 지낸 것으로 되어 있다. 묘는 평양시 용성구역 용흥동에 있다. (출처-두산백과)
25) 배아민(裴亞民, 1919~?), 1919년 하얼빈 출생, 1938년 4월 말 북평에서 일제 헌병에게 체포. 1938년 7월 경 하진현 일본군 통역관 배속. 1939년 4월

이 사건 이후, 배아민과 송호성과의 밀접한 관계, 송호성 등이 간4단 특무대에 선물까지 하며 우리 동지들의 사형 집행을 촉구한 것 등이 백일하에 밝혀지자, 철기 장군은 우리 동지들의 문제에 보다 적극적인 관심을 갖게 되었다. 2지대 대원들의 여론 등으로 미루어 볼 때, 우리들의 문제가 송호성의 보고-공모에 의한 계획적인 살해-와는 다르다고 생각했고 그래서 감옥으로 면회까지 오게 되었다는 것이다.

철기 장군은 당시 감옥에 있던 7명의 동지들 전원을 면회했다. 우리 동지들은 일렬로 나란히 서서 장군과 대면했는데, 인사가 끝난 후 동지들은 「나월환사건」에 연루된 전말을 설명했다. 그때 나는 장군을 처음 만났다. 평소 존경해오던 장군을 이런 상황에서 뵙게 된 나 자신의 처지가 안타까웠지만, 장군 앞이니까 할 말을 다할 수 있겠다는 생각도 들었다. 그러나 이 일에 대해 무엇인가 밝혀야 겠다는 생각과는 달리, 정작 내가 말씀드릴 차례가 되자 아무 말도 하고 싶지 않았다. 그래서 나는 항변이나 하듯『장군님! 혁명도 인간이 하는 것입니다.』단 한마디 외에는 아무 말도 하지 않았다. 그때 왜 그런 말을 했는지에 대해서는 자세히 기억할 수가 없다. 다만, 그 말에는 그때까지의 심문 과정에서 누구에게도 말하지 못하고 가슴에 맺혀만 있던 억울함이 담겨 있었지 않았나 생각된다. 오로지 조국의 광복을 위해 목숨을 내걸고 광복군에 투신한 우리들인데, 항일투쟁의 선봉에서 죽을

경 중국 유격대 교도단 제3총대장과 유격대원 2인을 풀어주고 함께 탈출, 교도단 제3총대에서 유정공서 정치부 번역관으로 배속됨. 서안의 한국혁명단체가 있다는 소식을 듣고, 1940년 3월 한국청년전지공작대 입대. 1940년 5월 10일부터 20일동안 진행된 위문공연 '국경의 밤'에서는 한국혁명군 배역, '한국의 한 용사'에서는 중국유격대장 배역을 맡았다. 한청반 수료. 후일 실시되는 제2지대의 OSS훈련에서의 훈련자 명단 등, 이후의 기록은 알려져 있지 않으며, 광복군 독립유공자로는 미서훈자이다.

고비를 수없이 겪어내며 피로써 맺어온 동지들로서 어떻게 공모하여 다른 동지(나월환)을 죽일 수 있겠는가 하는 억울함의 표현이었으리라. 아무튼 당돌하게 보였을지도 모를 나의 항변(?) 아닌 항변에도 불구하고 장군은 묵묵부답, 질책도 하지 않았다. 하지만 이심전심이었을까, 천하를 호령하며 빛나는 항일전공을 쌓아온 풍운의 혁명가로서 『혁명도 인간이 하는 것이다.』라는 내 말에 공감하는 바가 있었던 것인지, 그때 철기 장군과의 상면은 내 생애에 있어 가장 소중한 숙명적인 인연의 하나가 되었다. 그리고 이 운명적인 인연은 광복 후 이 조국 땅에서까지 이어졌다.

1944년 봄이었다. 서안 1호 감옥에서의 복역생활이 약 1년 6개월정도 지났을때인데, 나는 서서히 죽어가는 감옥생활을 더 이상 견딜힘이 없었던지, 마침내 피를 토해내기 시작했다. 나는 본래 위가 약한 편이라 음식을 조심해서 먹었는데, 흙탕물에 만두 한 개가 고작인 감옥 식사로 형편없이 상해버린 위장이 겨울을 나며 더 망가졌던 것이다. 발목에 채워진 쇠고랑(족쇄)도 문제였다. 냉기가 하복부에까지 퍼져 제대로 잠들 수가 없었다. 새벽이 다 되어서야 겨우 몸이 녹아 잠들만 하면 기상 시간이니, 그것도 하루이틀이지 겨울 내내 고생이 말이 아니었다. 낮에는 주먹밥으로 복부를 냉하게 만들고, 밤에는 발목에 달린 쇳덩이가 아랫배를 차게 하니, 하루하루가 사경을 헤매는 그런 꼴이었다.

그렇게 한 겨울을 지내게 되자, 내 위장은 망가질 대로 망가져 음식을 받아들이지 못할 정도가 됐고, 봄철이 되어서는 한번에 한 사발이 넘게 피를 토하게 된 것이다. 하유는 말할 것도 없고, 같은 감방에 있던 중국인들 또한 걱정이 태산이었다. 그러나 속수무책, 도리가 없었다. 그러나, 옥장은 나를 독방에 따로 수감, 동지들과 격리시켰다. 그리고 철기 장군에게 통보했다. 이제 곧 죽을 사람이니, 이역만리 타국 감옥에서 죽이지 말고 보석으로 데려가라는 것이었디.

옥장이 통보를 보낸 지 얼마 지나지 않아 나는 철기 장군의 보석허가로 출옥하게 되었다. 이 무슨 인연이며, 운명의 장난인가. 「나월환사건」에 연루된 것으로 오해받아 중국 중앙군 간4단 특무대에 잡혀 갔을 때 나의 총살에 서명 날인한 철기 장군이 이제는 나의 보석에 싸인을 하다니…. 출옥은 했으나 나의 건강상태는 말할 수 없을 정도로 악화되어 있었다. 그래서, 나는 2지대 대본부로 원대 복귀하지 못하고, 그 무렵 한유한 동지가 겸직하고 있던 아동보육원 숙소에서 잠시 머물게 되었다. 그리고 그해 여름 보계의 조그마한 농장에서 한여름을 보냈다.

1944년 그해 가을! 나는 마침내 2지대 대본부로 다시 원대 복귀했다.

사진으로 본
한국광복군 제2지대의 역사

韓國 光復軍 第二支隊의 系統

1939年 大韓民國 臨時政府는 軍事組織으로 韓國靑年戰地工作隊를 成立하였다. 臨政은 다시 國軍을 創設함에 있어 到處에 散在 武裝活動하는 集團을 總網羅 統合 1940年 9月 17日 韓國 光復軍을 創軍하였다. 이에 基幹이던 戰地工作隊는 韓國光復軍 第五支隊로 編入되였고 韓·美 合作特殊(OSS) 訓練에 앞서 第五支隊는 韓國光復 第二支隊로 改編되었다.

韓國靑年戰地工作隊
韓國光復軍第五支隊
羅 月 煥 支隊長

韓國光復軍第五支隊
宋 虎 聲 二代支隊長

韓國光復軍 第二支隊 支隊長
李 範 奭

韓國光復軍第二支隊
盧 泰 俊 二代支隊長

韓國光復軍 殘編支隊
安 椿 生 支隊長

大韓國民臨時議政院第六回紀念撮影

우리 先烈들은 倭政의 등쌀에 못 견디 祖國을 등지고 亡命길에 올랐고 中國 上海로 集結하여 이들 獨立運動指導者를 中心으로 한 大韓民國臨時政府를 樹立하였다. 그로부터 大韓民國元年이 始作하였다. (上海佛蘭西租界 臨政廳舍임에서).

慶祝紀念二三周九十第

언제 오려나 祖國의 獨立 勞兼不忘 그리운 錦繡江山, 中國戰時首都 重慶에서 第十九回 三一節을 맞았다.

서울 南山野外
音樂堂앞에 세워진
白凡 先生의 銅像. 이로부터
野外音樂堂은 白凡廣場이라
命名되었다.

獨立鬪爭史를 수놓은 巨星 白凡

大韓民國 臨時政府 主席 白凡 金 九 先生

사진으로 본 한국광복군 제2지대의 역사 / **175**

獨立戰線의 英雄, 尹奉吉 義士

倭仇 白川大將을
中國 上海 虹口
公園에서 爆死시
키려던 擧事 전날
밤, 그는 양 손에
拳銃과 爆彈을
들고 太極旗앞에서
期必코 目的을
達成하리라는 굳은
盟誓를 하였다.
그가 던진 爆彈은
天地를 震動했고
白川等 數名을
爆死 시켰다.
그의 義擧는 大韓
男兒의 氣槪를
世界萬邦에
떨쳤다.

尹奉吉義士의 義擧는 成功裡에 끝났지만 尹義士는 倭警에게 逮捕되고, 白凡先生은 同志들의 勸誘로
잡으려고 血眼이 된 倭警의 捕網을 避하여 暫時 이곳 浙江省 嘉興에 머물때 中國人 夫婦(白凡先生 左右)의
도움을 받았다.(뒤 左 嚴恒燮, 朴贊翊先生)

祖國獨立爭取를 굳게 다짐하는 臨政要人들. 中·日戰爭當時 臨時首都인 重慶에서 合影(앞줄 左로부터 車利錫先生, 趙素昂先生, 柳東悅將軍, 金九主席, 李始榮先生, 趙琬九先生, 宋秉祚先生, 李青天將軍, 金朋濬先生, 뒷줄 左로부터 崔東旿, 朴贊翊, 高雲起, 金學奎, 趙時元, 楊宇朝, 安一青(趙擎韓), 金毅漢, 嚴恒燮 諸先生)

1930年代 韓國臨時政府 要人
（앞左;趙琬九,李東寧,李始榮
뒤左;宋秉祚,金九,曹成煥,車利錫）

石吾 李東寧의 國葬 (1940년 3月 17日 中國 四川省에서의 葬禮委員一同)

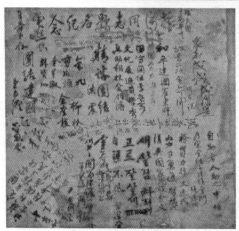

亡命生活속에서도 喜悲가 수없
이 뒤섞인다. 故國山川을 등지고
萬難辛苦를 겪어온지 於焉 數十星
霜, 몸은 늙어 氣力은 없으나
祖國愛에 불타는 마음은
어찌 變할 수 있으리!

當時 臨政要人들의 親筆

韓國青年戰地工作隊成立一週年紀念留陝隊員撮影 1940.11.11

1 未 詳	2 未 詳	3 趙仁濟	4 羅泰燮
5 黃學秀	6 宋虎聲	7 青成煥	8 申翼熙
9 高興倫	10 未 詳	11 未 詳	12 未 詳
13 安英姬	14 金貞淑	15 未 詳	16 未 詳
17 韓亨錫	18 未 詳	19 未 詳	20 玄以平
21 未 詳	22 未 詳	23 未 詳	24 未 詳
25 未 詳	26 未 詳	27 未 詳	28 未 詳
29 未 詳	30 許 昆	31 吳成行	32 老兆和
33 金海星	34 未 詳	35 李道淳	36 未 詳
37 金 剛			

臨時政府 金九主席과 側近들. 뒷줄은 嚴恒燮, 朴贊翊先生.

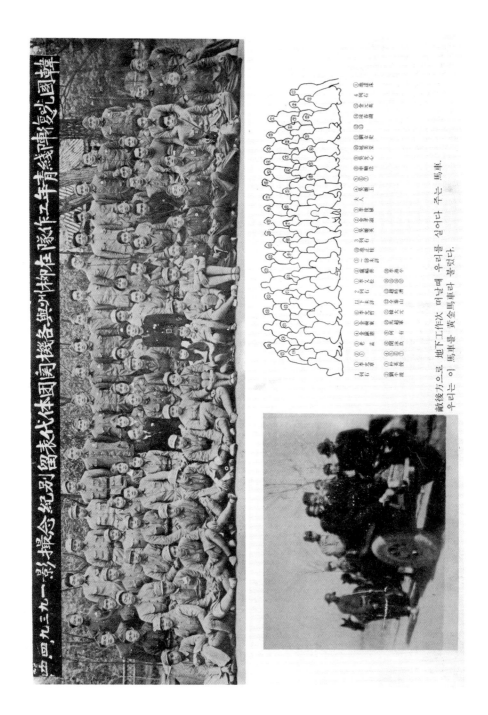

韓國光復軍各機關各代表團別紀念撮影 一九四三

柳州在閣作工青年線陣役

敵後方으로 地下工作次 떠날때 우리를 실어다 주는 馬車.
우리는 이 馬車를 黃金馬車라 불렀다.

白凡先生 慈堂께서 他界하시던 날. 幽命을 달리한 어머님을 異國땅에 묻고 哀愁에 잠긴 白凡先生과 長男 仁.

異國萬里 他國에서 돌아가신 어머니 墓碑앞에 서 있는 白凡金九主席

THE NEW KOREA

LOS ANGELES, CALIFORNIA, THURSDAY AUGUST 7, 1941

NTERS NATIONAL DEFENSE PARADE

美國LA市街를 누비며 '大韓獨立萬歲'를 외치며 우리 祖國 侵奪한 倭寇에게
抗拒하는 우리 僑胞들.

美國 "로스앤젤스" 獨立運動者들 會館, 僑胞들의 誠金으로 建立 獻納되었다.

"하와이" 僑胞들의 三一節慶祝運動大會

"하와이" 獨立運動總支部幹部들.

大韓民國臨時政府를 土台로
世界各國에 亡命한 獨立運動者들은
美國에서도 新韓民報를 發刊하여
自由萬邦에 우리나라의 獨立을 呼訴하였다.

韓國光復軍總司令官으로 就任하는 李靑天將軍에게
金九主席 立會下에 任命狀이 授與된다.

光復軍이 創立되던 날 겨레에게 獨立을 爭取할
것을 다짐하는 誓約을 朗讀한다.(1940年 9月 17日)

中華民國政府는 韓國光復軍을 正式으로
承認하고 蔣介石總統은 特使를 보내서
光復軍 成立을 祝賀하였다.

武力抗爭으로 倭寇로부터 祖國獨立을 爭取
하고야 말 것을 誓約하는 李靑天 光復軍
總司令官의 就任辭 朗讀.

韓國光復軍總司令部 成立式 光景(於重慶 嘉陵賓館)

光復軍이 成立됨을 期하여 當時 外務部長인
趙素昻先生은 日本帝國主義에게 正式으로
宣傳布告를 하였다.

韓國光復軍이 成立되던날. 1940年 9月 17日 조촐한 禮式을 마치고 光復軍 總司令部앞에서 韓中結束을
다짐하면서 韓中軍首腦들 /

韓國光復軍
總司令官

李 (池) 青 天
將軍

光復戰線의 名將 池靑天將軍 가시다

서울·牛耳洞에 모신 李靑天 將軍의 墓

해마다 우리 生存同志들은 將軍의 墓所를 參拜하고
故人의 偉績을 追慕한다.

韓國光復軍 參謀長 李 範 奭 將軍

曠野의 猛將 家庭에서는 德人

1969年 70回生辰을 맞아 婦人과 함께

1939. 11. 7. 臨時政府 軍事組織으로 韓國青年戰地工作隊를 成立하고 羅月煥, 李何有, 金東洙
朴基成, 李在賢, 玄以平, 金元英, 嚴益根 等을 西安으로 歡送하면서 一金九主席, 朴南波
嚴恒燮, 宣傳部長, 金 仁, 朴英俊 合影.

光復軍 第五支隊 編成 記念寫真(韓國青年戰地工作隊는 臨政의 軍事改編에 의해 韓國光復軍
第五支隊로 編入되었다.)

祖國獨立을 爭取하기 위하여 倭敵에게 끊임없는 武力抗爭을 한 光復軍의 指揮系統.
위로부터 李青天 將軍, 李範奭 將軍, 李俊植 將軍, 汪參議(中國人)

언제 이루어질지 모르는 祖國獨立이지만 그러나 싸워야 한다.
最後의 一人까지 그리하여 祖國光復을 期必코 達成해야 한다.
訓示하시는 李範奭將軍

車利錫先生의 花甲日-異國萬里 他鄕에서
故國의 獨立을 그리며 단지 그날을
記念할 뿐 쓸쓸히 보내야만 했다.
(1942. 9. 18)

安椿生, 盧泰俊, 金 信, 李志一 同志와 어린이들. 白凡先生 慈堂의 뒷머리가
보인다.(湖南省 長沙에서)

1938年 中國 湖南省 長沙 湘江에서 하루의 疲勞를 풀고 있는
安椿生, 高一鳴, 盧泰俊 諸同志

平和스러웠던 우리祖國

祖國하늘을 바라보듯, 긴 장대위에 휘날리는
우리의 太極旗, 지키노라 祖國獨立
그날이 오기를 祈願하면서.

寤寐不忘, 祖國獨立의 그날을 바라보며 오늘도 倭寇打倒를 다짐한다. (9141년 於西安)

獨立을 爭取하기 爲한 武官을 養成하기에는 臨政으로서는 力不足이였기에 中國政府의
支援으로 中國軍幹部 養成所에서 우리 武官 第一期生을 排出하였다.

中國中央軍에서 光復軍으로 歸隊할때(李志成)

敵後 地下工作을 遂行함에 감추어 保管하기 쉬운
명주천에 臨政主席의 名義로 된 委任狀이 주어진다.

第二支隊隊員들은 동틀 무렵이면 昇旗台앞에 모여 太極旗를 올리며 祖國光復의 役軍이 될 것을 다짐한다.

訓練을 마친 隊員은 上部 命令에 따라 敵后方 工作任務를 띠고 떠나기에 앞서 李範奭 隊長에게 獨立鬪士로서 忠誠을 다할 것을 宣誓한다.

寤寐不忘. 祖國땅을 向하여 太極旗를 揭揚하면서 祖國의
獨立을 祈願한다.

參謀處長 李 俊 植 將軍

정든 내 故鄕 내 祖國을 등지고
酷寒이 몰아치는 滿洲땅으로.

모든 苦難을 굳은 意志로써 이겨가며 祖國의 同胞兄弟姉
妹와 相逢할 날을 위하여 鬪志를 가다듬는
韓國 光復軍 第二支隊員들

百戰百勝에 萬歲소리는 天地를 震動했다.

倭敵의 軍靴는 우리祖國을 짓밟았다.

"차렷!" "옆으로 나란히!" 號令에 맞추어 씩씩하게
擧動하는 光復軍士들의 面面에는 不屈의
鬪志가 어리어 있다.

査閱하시는 李範奭 將軍

優秀한 指導官으로서의 面貌가 歷歷한 靑年時節의
李範奭將軍 모습(左端)

滅敵의 戰略을 짜기에 몰몰하시는
李範奭 將軍

우리가 가는 곳에 勝利만이 있다. 李範奭將軍의 訓示를
받들어 見敵必殺의 信念으로 訓練에 熱中하고 있다.

異國萬里 中國西安에 있는
우리 光復軍 本部에 揭揚된
太極旗앞에서 獨立爭取의
그날을 다시금 다짐하면서.
(鐵驥將軍을 先頭로
二支隊幹部隊員)

고달픈 獨立軍의 生活에도 餘暇만은
즐거웠다.

오늘도 訓練은 繼續된다.

우리에게는 訓練할 수 있는 施設이
없어 우리는 當時 中國訓練所에서
訓練을 받았다. 當時 訓練生들

當時 우리 光復軍들이
使用했던 各部別
軍帽標와 胸章

韓國光復軍 總司令部 西安 駐屯時節(1941年)
ー盧泰俊, 安椿生, 趙仁濟, 俞海濬, 李俊植, 黃學秀ー

中國 西安市內에서 支隊本部로 돌아가려면 馬車를
타야 한다. 馬車停留場에서 馬車를 기다리는
光復軍士들

祖國의 품에 안길 날을 바라보며
오늘도 太極旗를 지키는 把守의
任務를 게을리하지 않는다.

趙順玉, 吳光心, 李復榮 女性光復軍 同志

거리로 나가서 路上劇으로 抗日
精神을 鼓吹하는 것도 宣撫工作의
重要한 任務이다.

고된 行軍으로 氣盡했을 때 江에 뛰어들어 暫時 疲勞를 푼다.

韓國光復軍徵募第三分處委員歡送紀念 民卅三六.

金文鎬, 申貞淑, 韓道明, 李志一, 地下招募 工作員을 敵後方으로 歡送하면서 合影
(前列左로부터 朴贊翊, 趙碗九, 金 九, 李始榮, 車利錫, 中列崔東旿, 金文鎬, 申貞淑, 韓道明, 李志一,
金朋濬, 後列 曹成煥, 趙素昻, 池靑天, 李範奭, 楊宇朝 諸氏)

韓國光復軍總司令總部處職員一同抵西安留影 大民三年二十六月日

前列左로부터 池達洙, 安一青, 李復源, 黃夢乎, 曹成煥, 宋虎聲, 李俊植, 〇,
趙時元, 中列 盧泰俊, 盧福善, 安椿生, 高雲起, 徐 波, 李建祐, 金學奎,
吳光心, 趙順玉, 池復榮, 後列 〇, 羅泰燮, 閔泳玖, 金 光, 兪海濬, 趙時濟,
趙仁濟, 〇, 〇, 全泰山. (1941. 2. 26 西安)

特殊任務를
띠고
敵後方工作을
위해 떠나는
同志들의
壯途를
祝賀하는
臨政要人들.

羅錦榮, 朴樹德,
李根浩, 申順浩,
閔泳玖, 朴英俊,
○ ○, 閔弼鎬,
朴南波, 申健植,
吳星民.

第34回 議政院會議를 마치고 議員一同 (1942年 10月 25日)

해마다 三·一節이 돌아오면 異國萬里 他國에서나마 敵後方工作으로 떠났던 同志며 中央軍에
編入되었던 同志들이 한자리에 모여 三一節 紀念式을 嚴修하고 慶祝運動會가 벌어진다.

우리 江山 侵奪했다고 우쭐대지 말아라
이 내 몸 닦고 닦아 언젠가는 기어히 원수를 갚고야 말리라.

軍樂隊에 맞추어 隊員 行進   韓國光復軍 第二支隊 本部앞에서

訓練을 마친 隊員들의 休息의 한 때

李範奭 將軍을 모시고 僑胞愛國婦人會幹部와 같이
後列左 李德山, 汪參謀, 徐 崑

前列左 李允章, 韓光, 金義元
後列左 朴載華, 崔一星, 李 明

救國의 同志愛로서 한데 뭉친 우리 光復軍!
兄弟와 같은 友誼. 그러나 軍規만은 嚴格했다.

打倒 倭寇를 다짐하면서 오늘도 李範奭將軍은 隊員들의 一擧一動을 嚴密하게 點檢하고 있다.

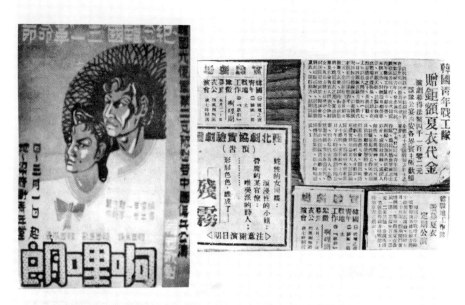

故國山川 등지고 아리랑 고개를 넘어올 때 하늘이여 無心하오. 나는 울었다.

鴨綠江아 잘 있거라. 豆滿江아 잘 있느냐? 白頭山 山上峰에 太極旗 꽃힐 그날 너를 불러 외치겠노라.

大韓獨立萬萬歲! 異國萬里 中國땅에서 三·一節이 돌아오면 우리는 아리랑 演劇을 公演했다.

나의 祖國 아름다운 錦繡江山이여! 내 몸 비록 시들었으나 그대
그리는 마음 變함이 없어라
내 同胞 내 님이여!
倭軍靴에 짓밟힌 못 다 핀 꽃송이 언제나 고개들어 피어나려나

高潮에 達했다

여기에 副應하는 韓中聯合訓練과 對日抗戰은

倭仇의 發惡은 第二次 世界大戰을 誘發시켰고

訓示받는 光復軍 第二支隊. 東쪽 하늘을 向해 祖國獨立의 그날이 오기를 祈願한다.

隊員들을 查閲
하는 鐵驥將軍,
이어 隊員들이
鐵驥將軍萬歲를
외친다.

移動하는 韓國
光復軍 弟二支隊

隊員들에게 訓示하시는
李範奭將軍

抗日함에 있어 于先條件은 우리 光復軍 幹部養成이었다. 어려운 與件에 있는 우리 臨政을 도와 中華民國政府는 우리 靑年들을 中國中央軍官學校에 入學하도록 配慮해 주었다. 豫科軍官學校過程을 마치고 本科再編을 하기에 앞서 合影(•標 左로부터 劉平波, 金元英, 宋冕秀, 閔泳秀)

中國 陝西省 西安에서 宣撫工作班이 우리 나라 固有의 "아리랑"을 公演하여 中國觀衆의 喝采를 받았다. 公演을 마치고, 何 有, ○, 韓亨錫

安椿生同志(淞沪戰鬪時 上海地區에서 負傷.

COMMEMORATING FIRST
KOREAN AND AMERICAN
ALLIANCE HSIAN 1945

우리두나라의 합잇은합작이
실현되는날 이사진의력사저
가치를붐추일을것이다!
대한민국 이십칠년구월십일일.

發惡的인 倭仇들은 第2次 世界大戰을 挑發했고 이를 制壓하기 위하여 聯合軍은 奮然히 일어섰다. 聯合國은 우리 光復軍을 同盟軍으로 認定하고 드디어 美國 O.S.S. 機關要員을 派遣하여 特殊訓練에 臨하게 했고 이로써 韓美 두 나라의 鞏固한 紐帶가 이루어졌다. (於支隊本部)

韓美特殊訓練班(美 O.S.S.)의 訓練을 마치고 工作任務를 遂行하러 敵 後方을 向하여 떠나고저 隊長 李範奭將軍을 모시고.(뒤 左, 申榮默, 李淳承, 李德山, 高徹浩, 李宇成, 李鍾鼇, 洪基華, 盧星煥, 崔君三, 尹泰鉉, 吳桐秀, 羅 光.
앞 左, 石根永, 韓悠韓, 李範奭, 汪參謀, 吳成行)

韓國光復軍 第二支隊 重鎭인
盧泰俊, 安椿生隊長이
李範奭將軍을 모시고
後左부터 崔 鐵, 羅 光,
張德祺, 金俊燁, 魯能瑞, 張俊河

愛馬와 같이

華北方面 特派隊, 現地로 떠나면서-李在賢, 李道淳, 李正善, 金英鎬

餘暇에 記念撮影

幹部隊員과 僑胞들, 李範奭將軍을 모시고(金基壽, 吳桐秀, 崔一龍, 韓悠韓, 李德山, 汪參謀, 徐崑, 洪暉杓 工作地로 파견되면서)

左 王泰鎰, 右 李德山同志

前左로부터 張在敏, 高哲鎬, 羅 光, 張德祺
後左로부터 尹泰鉉, 崔 鐵, 鮮于 基, ○, 諸同志.

列車便으로 部隊移動에 앞서 停車場에서(左端 金奭東同志)

光復軍 第二支隊員들의 整列
人字(K.I.A.Ⅱ. 즉 韓國光復軍 第二
支隊 英略字)

聯合軍의
勝利로 되찾은
祖國에서의 倭軍
蠻行을 沮止하기
爲해 國內挺進 時
金俊燁 同志.

그날이 오기를!
祖國獨立成就
우리는 다짐한다.

崔 鐵, 張德祺, 魯能瑞 앞에 張俊河同志

李 範 奭 將軍 當時의 偉容

左로부터 앞에 金明澤, 王泰鎰, 뒤에 李德山, 李志鴻

敵後方工作의 任務를 띠고 떠나면서 鐵驥將軍을 모시고
(前列 둘째부터 李德山, 吳成行, 崔一龍, 洪基華, 李範奭, 石根永, 汪組龘(中國人), 韓亨錫, 尹泰鉉, 盧成煥, 申葉默, 李宇成, 李鍾鴻, 鮮于基 諸同志)

앞 左 李德山, 左 李正善과 뒤 李道淳同志

前列 韓　光, 朴載華, 鄭一明
中列 閔泳秀, 盧泰俊, 李範奭, 崔東均
後列 李允章, 金奭東, 李志誠, 李灝承 白駿基

앞 左 朴永燮, 右 金明澤, 뒤 左 尹致源,
　右 金　湧同志

앞줄 左로부터 閔泳秀, 盧福善, 崔東均
뒷줄 左로부터 李　明, 王泰鎰 諸同志

李範奭 將軍을 모시고 光復軍 第二支隊 幹部隊員 本部要員
앞列 徐 崑, 汪參謀, 李範奭, 韓悠韓, 張利浩, 吳桐秀
中列 崔一龍, 李德山, 洪疅杓
後列 金基壽

申應泳, 鮮于 基, 張德祺

左로부터 鮮于 基, 崔 鐵 申應泳

뉴델리에서 앞左로부터 宋 哲, 金成浩, 韓志誠, 李英秀,
뒤左로부터 文應國, 金尙俊, 朴, 崔俸鎭, 英國軍 同僚와 같이

뉴델리에서
左로부터 崔俸鎭, 文應國, 羅東奎同志, 뒤가 金尙俊

뉴델리에서 (英國軍에 配屬, 우리 派遣員
休暇를 즐기고 있다.

印度方面 派遣員一同
(英國軍에 配屬)

印度派遣同志와 英國軍
(앉아있는 日本人捕虜를 監視하고 있다)

칼카타에서

"뉴델리" 부근 구탑에서

前線을 向하여 떠나던 날 李範奭將軍을 모시고 幹部隊員一同
前列左로부터 崔一龍, 許 昆, 朴泰禮, 李範奭, 汪參謀, 韓亨錫, 張利浩,
後列左끝으로 洪嘔杓, 金基壽
中列左부터 세째 李德山, 끝에 吳桐洙同志가 보인다.

左로부터 申榮默, 趙一文, 安椿生同志

金容珠, 林裁南同志

光復軍 第二支隊長으로 指揮하시다 司令部 參謀長으로 떠나시면서 주신 將軍의 親筆

光復軍 總司令部 參謀長 겸 國內浸透軍 總指揮로 榮轉하시는 李範奭 將軍을 全隊員의 閱兵으로 歡送하였다. (1945, 韓國光復軍 第二支隊練兵場)

隊員들의 行進을 査閱하시는 李範奭 將軍

張在敏, 朴樹德 同志 前線으로 떠날때 隊員과 같이.

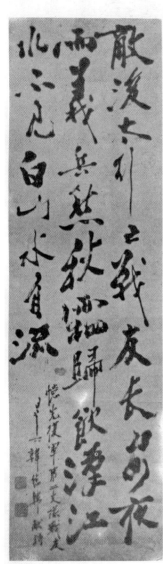

韓悠韓同志가 우리 韓光第二支隊
同志들에게 보낸 揮書

白凡主席과　金東洙同志

앞줄 左로부터 安椿生, 崔　鐵同志,
뒷줄 左로부터 申憲泳, 申榮默同志

僑胞 民會幹部와 光復軍 第二支隊 幹部隊員 ─李範奭 將軍을 모시고─

張 鐵, 李正善同志(北京)

中華民國中央軍官學校 卒業證書

塗炭에 빠져드는 同胞는 우리를 부른다.

勇進하리라 뉘라서 막으리 우리의 前進을!

倭寇打倒는, 힘찬
前進만이 있을 뿐이다
調示하시는 李範奭 將軍

李 將軍 愛犬과 같이

華北省方面 特派員組(左로부터
李道淳, 張 鐵, 金榮鎬, 美軍, 李海平,
李正善, ○○, 美軍)

光復軍과 僑民會員들은 異國의 낯선 땅에서 故國을 그리며 童心으로 돌아가는
親睦運動會를 가졌다. 開催에 앞서 大會長인 李將軍이 大會辭를 하신다.

前左로부터 王泰鎰, 韓光.
申惪泳, 睦聖杓
後左로부터 둘째 崔東均.
李炳坤, 李雲鶴 끝에 朴載華

後列左로부터 李灝承, 李雲鶴, 金仲浩

226 / 한국광복군 제2지대사

光復軍 第二支隊長이시던 李範奭將軍이 總司令部 參謀長으로 榮轉하신 뒤
后任改編된 第二支隊 重鎭들 -支隊長; 盧泰俊, 副支隊長; 安椿生, 政訓處長; 宋冕秀, 主任經理;
崔東均, 秘書; 閔泳秀, 副官; 金明澤 -

休暇를 즐기는 第二支隊員들

사진으로 본 한국광복군 제2지대의 역사 / 227

李 明·金海星 同志

勝者에게 優勝컵을 贈하시고
激勵해 주시는 李將軍

合同運動會가 끝나고
優勝者에게 컵을
贈與하시는 鐵驥將軍

西紀一九四五年 於 中國開封.
僑胞들을 한자리에
모아놓고 이제 우리는 獨立國家
國民임을 宣言하는 鐵驥將軍

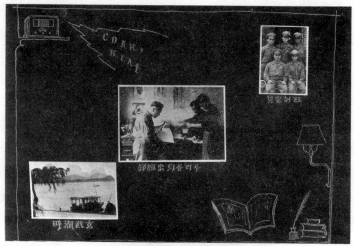

敵後方에 있는
우리 同胞에게
우리의 消息을
傳하며 倭敵에
게는 宣撫工作
을 主로 하는
우리部隊의
政訓室

支隊本部政訓室 要員

中華民國空軍機械學校王敎育長表示足球隊獲勝攝影 三

李忠模 先生을 모시고
(金商乙, 金成甲, 金旭培)

金湧, 崔鐵 同志

上海 "가든 부릿지"를 背景으로 李範奭將軍을 모신 幹部隊員一同

1 崔　鐵　　2 崔群三　　3 汪參謀
4 李範奭　　5 金容珠　　6 吳庶熙
7 張在敏　　8 朴永燮　　9 申意泳
10 未　詳　　11 未　詳　　12 未　詳
13 洪幅杓　　14 朴金童　　15 崔一龍
16 未　詳　　17 未　詳　　18 未　詳
19 未　詳　　20 未　詳　　21 尹泰鉉
22 金基燾　　23 金文鎬　　24 羅　光
25 未　詳　　26 未　詳　　27 未　詳
28 未　詳　　29 太倫基　　30 金　勇
31 未　詳　　32 金聖煥　　33 未　詳
34 高哲鎬　　35 張德祺　　36 李鍾鵡
37 林莍南

光復軍 第二支隊員들

盧泰俊隊長을 모시고
光復軍 第二支隊
本部앞에서
盧泰俊, 韓　光,
朴載華, 閔泳秀,
金明澤, 崔東均,
鄭一明

解放된 北京에서
張鐵同志,
地下工作하던
옛 同志와 相逢

洛陽中隊本部 訓練場에서
(張利浩 中隊長과 隊員들)

232 / 한국광복군 제2지대사

韓美特訓班(O.S.S)을 修了하고
暫時 閒暇한 時間을 갖는
隊員들. 뒷줄 左로부터 崔 鐵,
申惠泳, 張俊河, 魯能瑞,
鄭雲樹, 洪基華 諸同志(於西安)

西安에서 盧福善 同志

韓光軍 第二支隊 蹴球팀이
中國팀과의 競技를 마치고 함께
記念撮影을 위하여 포오즈를
取하고 있다.

韓國光復軍 第二支隊 蹴球팀의
標識가 가슴에 鮮明하다.
第二支隊員들

左로부터 韓光, 張德祺, 羅東奎, 李鍾鵡

左로부터 李道淳, 張 鐵, 李正善, 李海平
美海兵과 같이

左로부터 李宇成, 洪在源, 宋錫亭, 李浩吉同志

南京玄武湖畔 (李範奭, 閔泳秀, 崔東均, 韓光, 安椿生, 盧泰俊隊長)

後列左. 韓光. 朴載華. ○○, 崔東均. 前列左. 盧泰俊. 安椿生. 閔永秀. 李將軍

解放된 祖國 歸國을 앞두고 上海에서

上海 카텐브릿지를 背景으로

崔鐵, 魯能瑞,
張德祺同志가
보인다.

崔鐵同志와 같이

崔鳳祥, 張德祺同志

陝西省長(中國人)을 모시고.

韓光軍第二支隊 西安時節, 우리 部隊를 物心兩面으로 協助해 준 中國人 有志와 그 家族들(前列 右 두번째 谷正鼎 國民黨元老, 옆 皮明書女士-中國婦女界의 指導者-)

大韓民國 臨時政府 駐華代表團, 朴贊翊 團長을 모시고
(左로부터 閔泳秀, 朴英俊, 閔弼鎬, ○○, ○○, 金學奎, 閔泳玖, ○○, 朴始俊 合影)

太極旗와 靑天白日旗(中國旗) 아래서 第二支隊員들

聯合軍의 勝利는 惡毒한 倭帝를 敗亡시켰고
萬難辛苦를 겪게 했던 亡命生活에
終止符를 찍게했다.
꿈에 그리던 祖國을 向하여 떠나는 臨政要人과
그 家族들(重慶蓮花池 臨時
政府聽舍앞에서)

臨政要人 第2陣 歸國記念(1945年)

歸國隊員에게 주어진 隊員證

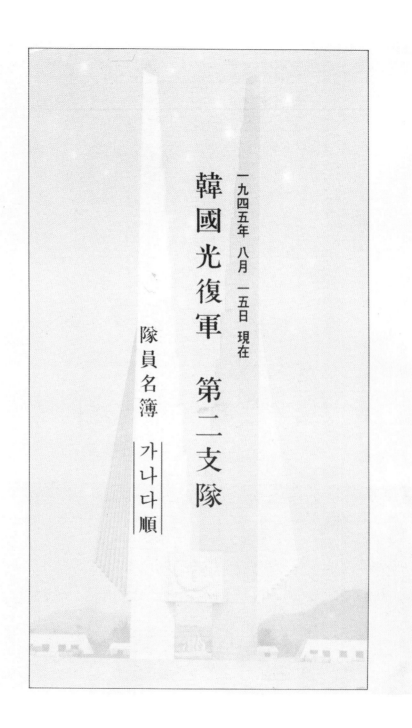

韓國光復軍　第二支隊

一九四五年　八月　一五日　現在

隊員名簿　가나다順

郷 愁

初生달 높이 뜬 南쪽하늘 저편아래
사랑하는 우리 겨레 살고 있는 곳

흙담 사이로 들려오는 귀뚜라미 우는 소리
故鄕에서 메아리 쳐오나 옛 소리 다름 없어라

가고파라 故國山川, 父母兄弟 있는 곳
원수에게 侵奪되어 짓밟힌 錦繡江山

祖國獨立 爭取코자 낯선 땅 異國萬里
스리높여 외치노라, 自由여 獨立이여

다짐한다, 亡國奴 汚名을 벗을때까지
이 生命 다 바쳐 爭取하리 大韓의 自主獨立

韓國光復軍第二支隊
於西安 杜曲에서 隊員들의 素願

康 貞 善 同志

一名 韓 黎 明

桂 義 成 同志

具 滋 民 同志

金基壽 同志　　　　　金馬利 同志

一名 金　剛　金東洙 同志

金明天 同志

金 明 澤 同志　　　　　　　金 商 乙 同志

金 尙 俊 同志

一名陳 仁 偉　　　金 奭 東 同志　　　　金 先 玉 同志

金 成 甲 同志   金 聖 煥 同志

金 聖 律 同志   金 世 用 同志   金 永 俊 同志

金 榮 鎬 同志   一名 金 福 信   金 湧 同志

一名 金 永 植　金 容 珠 _{同志}

金 贊 元 _{同志}　　　金 旭 培 _{同志}

金 俊 燁 _{同志}

金 伸 浩 同志　　　　　金 天 成 同志

金 海 星 同志　　　南 智 鉉 同志

盧 福 善 同志

盧星煥 同志

盧泰後 同志　　　董邦石 同志　　　羅月煥 同志
　　　　　　　　（一名 董龍一）

羅　　光 同志

羅 東 奎 同志

文 應 國 同志

一名王永秀　閔泳秀 同志

閔　泳　珠　同志　　　　　一名 朴 日 成　朴　奎　採　同志

朴　金　童　同志　　　　　一名 歐 陽 軍　朴　基　成　同志

朴　相　卜　同志　　　　　　　　　朴　樹　德　同志
（一名 朴成和）

朴 始 昌 同志　　　　朴 英 晚 同志　　　　朴 永 燮 同志

朴 載 華 同志　　　　　　　　朴 芝 鎬 同志
(一名 何 來)

白 玉 順 同志　　　　白 正 鉉 同志　　　　白 駿 基 同志

一名 尹致民　　　石根永 同志　　　　　石鎬文 同志

鮮于基 同志　　　　宋冕秀 同志　　　　宋昌錫 同志

宋錫亨 同志

宋 永 濼 同志

一 名 一 直 線 申 憙 泳 同志

申 榮 默 同志　　　　安 勤 同志

安 英 姬 同志

安 奉 舜 同志　　　　安 一 勇 同志

一名 王 衡 安 椿 生 同志

嚴益根 同志 　　　　廉宰恒 同志

一名吳桐秀 吳庶熙 同志

吳成行 同志 　　　　柳基弦 同志

王　泰　鑑　同志

尹　致　源　同志

尹　泰　鉉　同志　　　　李　起　源　同志

李　敬　燾　同志

李　德　山　同志

李　道　淳　同志　　　　　李　　明　同志

李　範　奭　將軍

一名雷　名　　　李　炳　坤　同志　　　李　瑞　龍　同志

一名石　純　　　李　淳　承　同志　　　李　月　峰　同志

李 宇 成 同志

一名 李 華 英　　李 允 章 同志

一名 李 秀 範　　李 元 範 同志　　　　李 正 善 同志

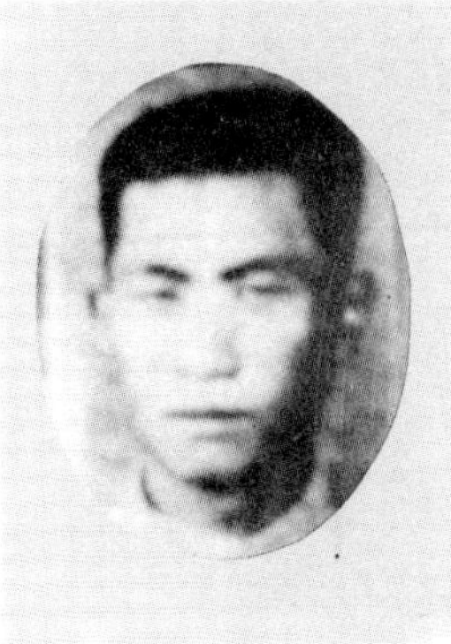

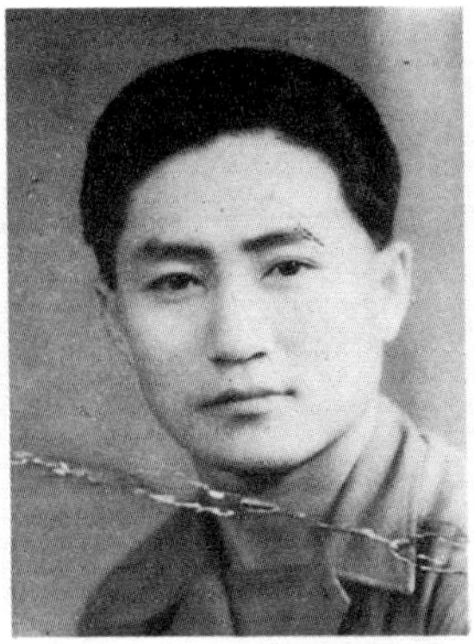

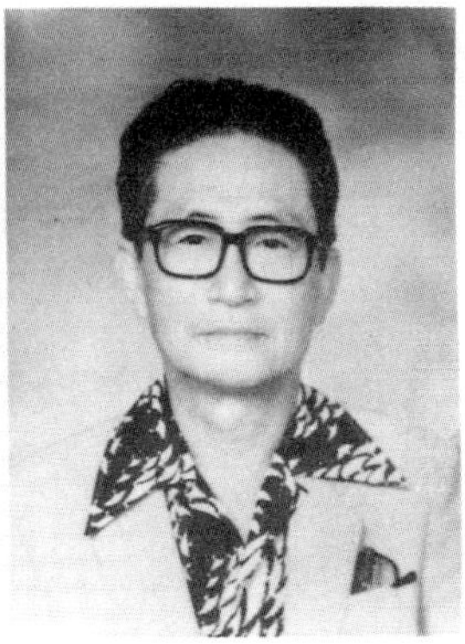

李 貞 植 同志

李 濬 承 同志

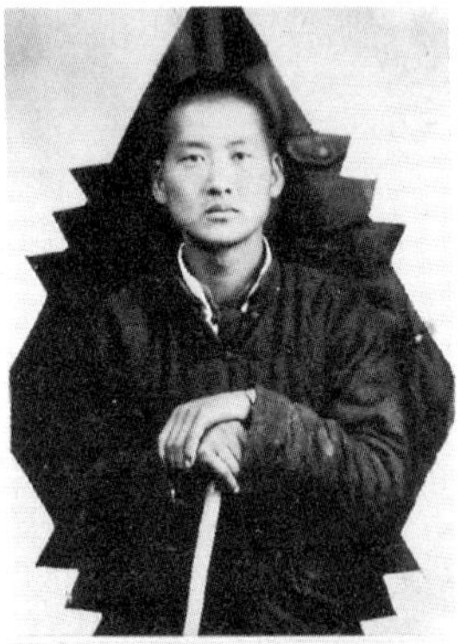

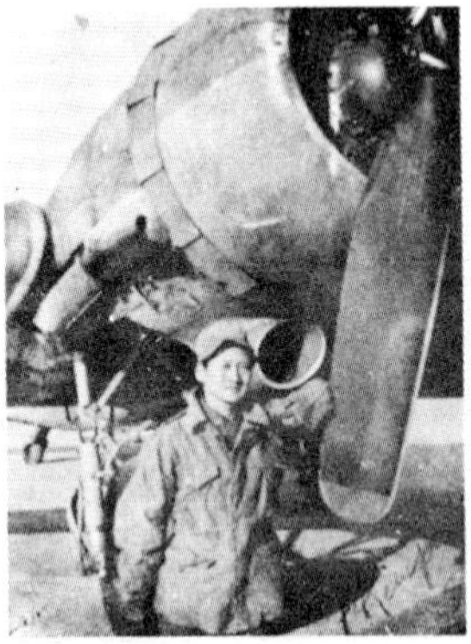

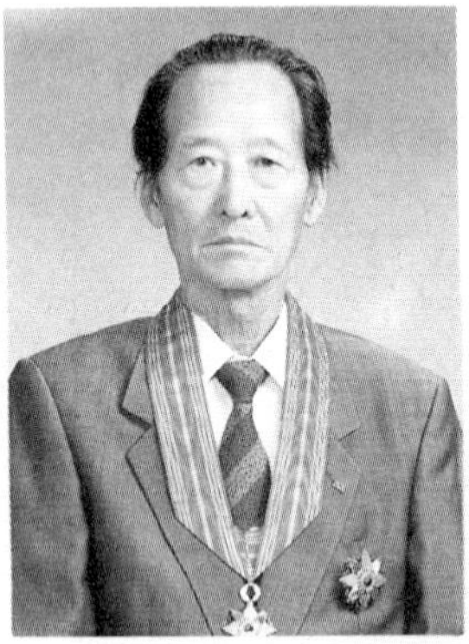

一名 李 海 平　李 在 賢 同志

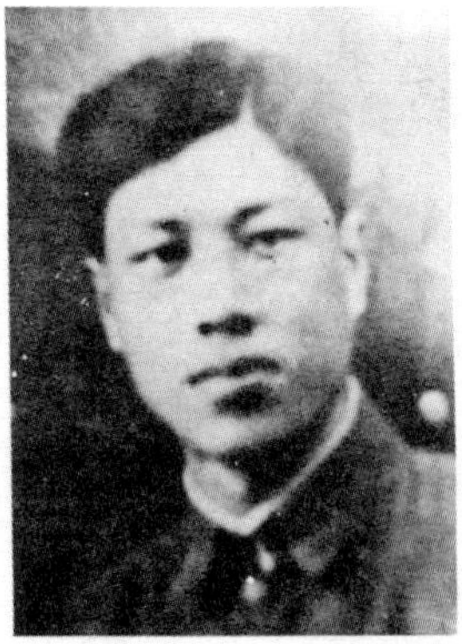

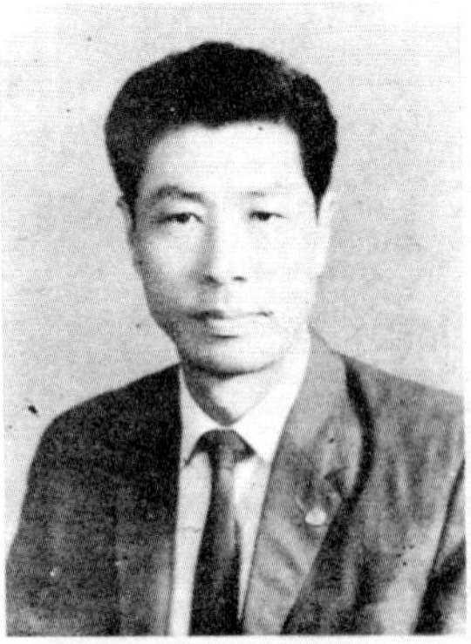

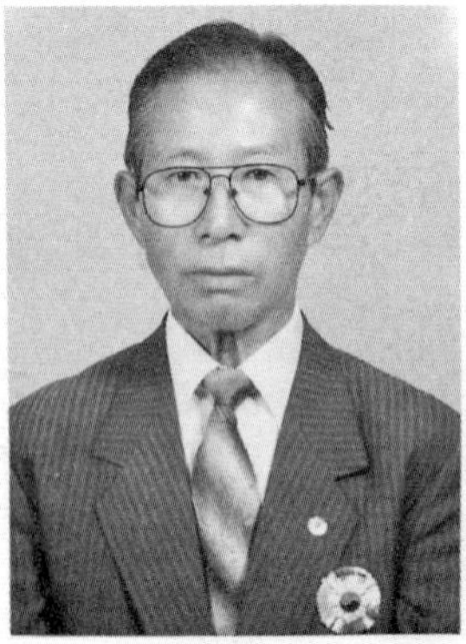

李 志 誠 同志

李 喆 洙 同志
(一名 李炳敦)

故. 李 海 淳
李 海 淳 同志

李 浩 吉 同志

印 淳 昌 同志

林 少 女 同志

林 裁 南 同志

張京淑同志　　　　　　張德祺同志

張斗星同志　　　　　　張在敏同志

張俊河同志

張　　鐵 同志

鄭　起　周 同志

鄭　英　淳 同志　　　　　　　　鄭　允　熙 同志

鄭 雲 樹 同志

鄭 正 山 同志

鄭 泰 熙 同志　　　一名 趙 永 吉　　　趙 光 善 同志

趙　順　玉 同志　　　一名 李　達　洙　　池　達　洙 同志

趙　一　文 同志　　　一名 李　復　榮　　池　復　榮 同志

車　永　澈 同志

一名 崔 一 成　　崔 東 均 同志

一名 文 和 平　　崔 文 植 同志

崔 鳳 祥 同志

一名 崔 相 哲 崔 俸 鎭 同志　　　崔 相 峋 同志

崔　　鐵 同志

一名 韓 悠 韓　　韓 亨 錫 同志

韓　輝 同志　　　　玄 以 平 同志

洪 幅 杓 同志

一名 許 相 信　　　洪 基 華 同志　　　洪 錫 勳 同志

洪　在　源 同志　　　黃　三　龍 同志

一名 林　　光　　　太　倫　基 同志

서울 牛耳洞에 있는 先烈의
墓所, 生存한 우리 同志들은
해마다 이 자리에 모여
그들의 冥福을 빈다.

韓國光復軍 國內挺進軍　北平 辦事處　　　　韓國光復軍國內挺進軍　北平暫編大隊本部

異國萬里 中國에서 解放을 맞은 僑胞

解放된 우리의 祖國!
美軍政下에 個人自格으로 還國하시는 大韓民國臨時政府 金九主席
그리고 韓國光復軍總司令 李青天將軍

서울 新大方洞 自宅에서 李範奭將軍과 李德山

當時 名監督, 名優 申相玉과 崔銀姬內外 李範奭將軍을 晩餐에 招請歡談
(李範奭將軍의 아들 仁鍾 그리고 李德山同志가 陪席하였다.)

寤寐不忘 그리웠던 내祖國 錦繡江山품으로 돌아오자 當時의 朝鮮女子國民黨員들이
우리의 勞苦를 慰勞하는 모임을 배풀었다. (李範奭將軍을 모시고 서울 祕苑에서)

日帝로 부터 解放된 우리 祖國에서 우리는 또다시 試鍊을 겪어야 했다. 李承晚政權下에
親日勢力은 우리 獨立運動家을 共產黨 다음 가는 疎外人物로서 人權이 蹂躪되었고 설곳이
없을때 5·16軍事革命政府는 우리 獨立運動家들을 認定하기에 이르렀다.
(1963年 獨立有功者를 褒賞하던날 朴正熙國家最高會議議長과 같이 靑瓦臺會議室에서)

大韓民國 國軍의 將軍으로서 中華民國 雙十節에 招請을 받아 옛 光復軍時節 中國 軍官學校同窓인 中華民國 將軍과 더불어 査閱臺에서 軍行列을 觀戰하고 있는 安椿生將軍

安椿生支隊長, 國軍의 役身 第二管區 司令官時節 部隊를 査閱하고 있다.

民族青年團 隊列을
査閱하는 李範奭團長과
安椿生訓練部長과
兪海濬 學生部長

安椿生將軍,
師團長으로 怨恨의
三八線 境界에서

安椿生隊長과 趙順玉同志,
光復軍의 戰友로서 夫婦이기도 하다.
女息과 같이

韓國光復軍總司令部(於重慶遺趾)

韓國光復軍第五支隊　隊員訓練場(於西安二府街)

第二支隊　內務班(於杜曲遺趾)

韓國光復軍二支隊本部(於杜曲遺趾)

故 **李 道 淳** 同志　　1909. 7. 19 ～ 1969. 11. 28

　祖國獨立을 絶叫하며 倭敵을 무찌르던 勇猛한 巨軀의 獨立鬪士 李道淳,
벅찬 感激과 부픈 가슴을 안고 故國에 돌아왔건만 그는 너무나도 不遇한 삶을 살았다.
굶주림애 시달리며 便히 몸 쉴 곳 없이 서울 西永庫 철둑넘어 漢江邊에 지붕없는, 판자와 깨어진
부록크 집에서 起居하다가 드디어 幽明을 달리했다. 허울좋은 弔花가 그의 怨靈을 달래듯
서있으나 果然 慰靈의 구실을 할 수 있을까?
　晋光洞 洞事務室 앞마당에서 恨많은 生涯를 보낸 그에게 마지막 作別을 告할때
矯憫의 嗚咽은 그칠 줄을 몰랐다.

盧　泰　俊　將軍

韓國光復軍 第二支隊長 盧泰俊將軍의 祖國統一을 이루지 못한채 世上을 떠나시던 날.

鴛鴦의 짝이 가시니 향 내음만 그윽하다.

獨立鬪士이자
李將軍의 誠實한
伴侶이던 金마리아
女士가 祖國統一을 못 보신채
조용히 눈을 감고
李將軍 곁을 떠나고
마셨다.

「우등불」出刊紀念行事 스냎

(1971年 12月 18日 水雲會館에서)

侵略者 倭仇의 慰靈搭을 부수다

36年間 우리 江山을 無慘히 짓밟고 우리 同胞에게 虐政을 可한 日人들이건만 그들의 罪過도 아랑곳 없이 이미 解放된 이 땅에, 죽어간 侵略者의 靈魂을 慰安한답시고 日本人慰靈搭을 세웠다.

더구나 李祖末 倭政의 우리나라侵略을 막으러 오는 中國援兵의 길을 가로막아 倭軍이 大勝했다는 碧蹄里고개마루에 倭人의 慰靈搭을 세웠다니 實로 言語道斷이랄 수 밖에 없다. 분개한 光復軍同志 四〇餘名은 1971年 8月 22日 이 慰靈搭에 기름을 부어 火刑式을 갖고 大韓民國萬歲를 소리높이 외쳤다.

日領事館 設置計劃을 紛碎 !

예로부터 平和를 사랑하며 淳朴한 삶을 營爲해온 배달의 나라인 이땅을 삼키려고 倭仇는 오랜歲月을 두고 機會를 노리다가 마침내 兇策을 實踐에 옮겼으니 그들이 첫발을 디딘 곳이 바로 지금의 草梁 水晶洞인 것이다. 釜山의 愛國市民들은 抗日 獨立鬪爭의 바탕이 된 三·一精神을 새겨서 그 거룩한 뜻을 子孫萬代에 길이 傳하기 爲하여 그 곳에 三一塔을 建立하기로 決定하고 準備를 서둘러 오던바 當局이 不時에 그 곳에 日本 領事館을 設置할 것을 許可했다. 이 消息에 接한 在釜 獨立有功者들은 1971年 9月 8日 一齊히 蹶起하여 이를 反對하는 示威를 벌인 結果 그 뜻이 받아들여져서 領事館設置의 計劃은 挫折되고야 말았다.

지나날 勇猛쌍던 韓國光復軍의 老兵. 生死苦樂을 함께한 戰友이기에 靑春을 함께 이끌며 옛 同志를 찾는다. 어느 兄弟에게 比할건가. 지금도 長安을 만들어 老衰한 몸을 찾는다.

　光復軍 第二支隊員들의 親睦과 友誼를 變함없게 하기 위한 모임인 長安會를 創立하여 第一回
親睦野遊會를 秘苑에서 家族과 함께 가졌다. "長安"이란 會名은 支隊本部가 駐屯하였던 中國 西安의
옛 地名 "長安"에서 緣由된 것이다.
　長安會의 第二次 野遊會는 우리의 國紳 忠武公을 奉安한 顯忠祠를 찾아서 가졌고, 忠武公의
聖業을 追慕하면서 뜻있는 하루를 보냈다.

忠武公 李舜臣將軍이 武를 닦으시던 顯忠祠 활터에서 同志들과 家族들

越南으로 떠나는 海平同志(李在賢)를 爲하여 同志들이 한자리에 모여서 그의 壯途를 祝賀했다.

韓國光復軍 第二支隊 記念碑가 獨立記念館 正門 光復의 동산에 세워졌다.

左로부터 宋永濬, 金 湧, 桂義成, 盧福善, 張德祺, 印淳昌, 崔鳳祥, 黃三龍, 金容珠,
李德山

▲ 1970年 將軍의 71回 生辰을 맞아
   여러 同志들이 將軍 生辰을 祝賀
   해 드렸으나 前과는 달리 婦人이
   안계셔서 섭섭하신양 보였다.

◀ 1969年 李範奭 將軍이 70回
   生辰을 맞아 將軍婦人과 같이
   盧福善, 金容珠, 黃三龍,
   李德山

▶ 옛 同志들의 모임 長安會 同志
   들이 將軍의 71回 生辰에 드린
   金指環을 보시며 즐기고 계시다.

▼ 우리들의 작은 精誠을 모아 將軍
   生辰에 드린 膳物을 펼쳐
   보시고 즐기시었다.

長安會 創立后
第一號로 釜山에 계시는
韓亨錫同志를 서울에 모셔서
回甲宴을 베풀었다.
同志들이 보내는 記念品을
받으며 韓同志는 뜨거운
同志愛를 한몸에
느끼는듯 하였다.

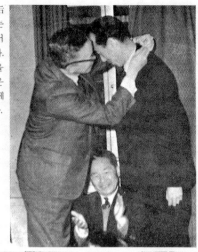

朴基成 同志와 朴始昌 同志 記念品 贈呈

長安會主催인 盧福善 同志
回甲宴에 朴 會長이 會를
代表해서 記念品을 贈呈하였다.

盧福善 同志의 回甲宴(婦人과 같이)　　　　趙光善 同志의 回甲宴

　　張 京 淑 同志　　　　　朴 芝 鎬 同志　　　　　朴 成 化 同志

長安會에서는 本會가 創立되기 전에 쓸쓸히 回甲을
보낸 同志들에게 차례로 回甲宴을 베풀어서 그들의 萬壽無彊을 祝願하였다.
자리를 함께한 同志들은 서로 懷抱를 풀고 舊情을 새롭게 하면서 祝盃와 交歡속에
時間 가는 줄을 몰랐다.

蔣介石 中華民國 總統이 보낸 哀悼의 親書

막을 수 있으리…!
三千萬同胞 어느 누가 가는 그님
嗚呼!
큰 별이 가는 곳엔 曙光이 감돌았네
露領과 中國大陸의 獨立戰線
倭寇의 二個師 큰 별에게 慘敗했고
靑山里大捷의 勇將, 그 이름 鐵驥!
大韓蒼空 높이 뜬 별이 떨어졌네.

不屈의 民族魂

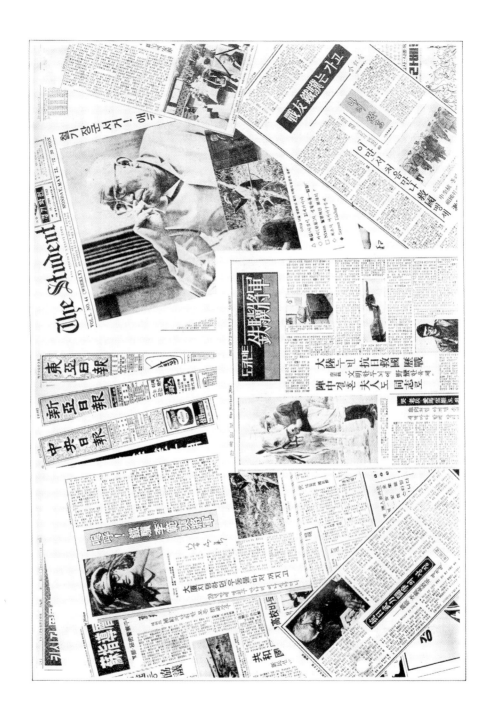

中華民國 領域에서 祖國獨立을 總轄하는 大韓民國臨時政府는 中國政府의 心的·物的 支援에 依存해야 했다. 臨政國軍인 光復軍에 入隊하게 되면 軍事的으로 重要視되었기 때문에 個個人의 身上調書를 作成하여 嚴密히 重要軍事書類로 保管하였다. ─中·日戰爭當時 作成한 이 書類는 지금도 中華民國軍事密室에 保管되어 있는데, 그 중 일부를 拔萃한 것임 ─

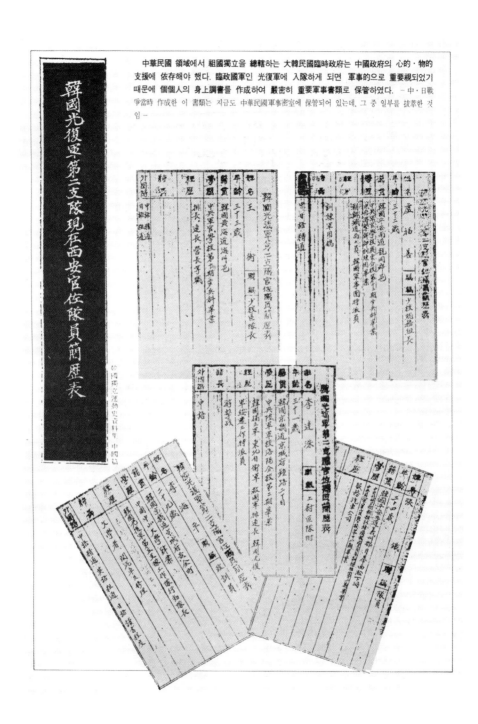

296 / 한국광복군 제2지대사

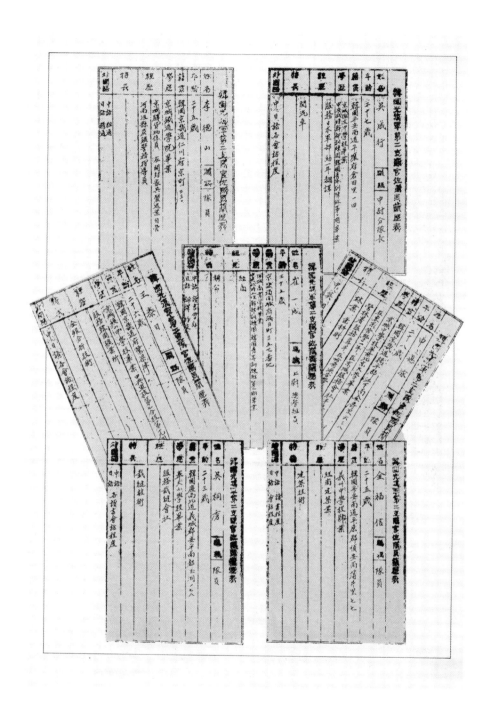

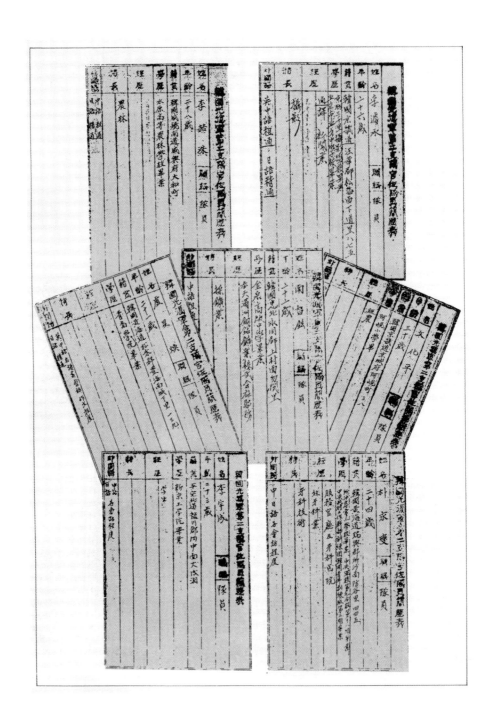

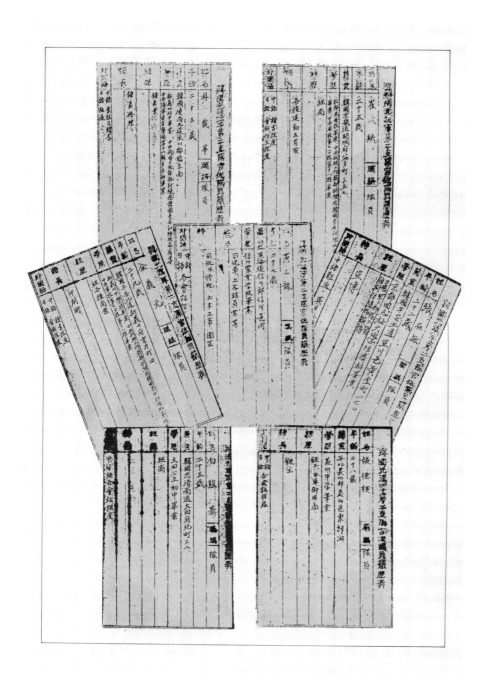

나의 소원

백범 김 구

"네 소원이 무엇이냐?"하고 하나님이 물으신다면
나는 서슴치 않고, "내 소원은 대한 독립이오"하고
대답할 것이다. "그 다음 소원은 무엇이냐?" 하면,
나는 또 "우리 나라의 독립이오." 할 것이다. 또
"그 다음 소원이 무엇이냐?" 하는 세번째 물음에
도 나는 더욱 소리를 높여서, "나의 소원은 우리
나라 대한의 완전한 자주 독립이오." 하고
대답할 것이다.

―백범일지 중에서―

김 구(金 九 : 1876~1949)

호는 백범(白凡). 황해도 해주에서 태어나 1893년 동학교 입교, 접주가
되고 이듬해 해주에서 동학혁명을 지휘하다가 일본군에게 쫓겨 1895년 만주로
피신하여 김이언의 의병단에 들어갔다. 1896년 귀국하여 명성황후의 원수를
갚고자 일본 육군 중위를 처단하여 체포되었다. 그 후 사형이 확정되었으나
고종의 특사령으로 감형되어 복역 중 탈옥했다. 1909년 안악 양산학교 교사로
있다가 이듬해 신민회에 참가했으나 1911년 소위 '105인 사건'으로 붙잡혀
중신형 선고를 받았다. 그 후 1914년 감형으로 출옥, 농촌 계몽활동을 폈다.
3·1운동 후 상해로 망명, 임시정부 경무국장·내무총장·국무령을 역임했고,
1931년 한인애국단을 조직하고 단장으로서 이봉창·윤봉길 등의 의거를 지
휘하였다. 1940년 대한민국 임시정부 명의로 일본에 선전포고를 하고 광복군의
국내 진입을 준비하다가 8·15 해방을 맞게 되어 귀국, 반탁운동·좌우합작
운동을 통해 자주독립운동과 통일정부 수립운동을 전개하였다. 1949년 6월
26일 흉탄에 맞아 순국하였다.

한국광복군 (1940~1945)

1940년 9월 17일 중국 중경에서 조직된 대한민국 임시정부 국군이다. 1937년 중·일전쟁이 발발하자 중국 각지에 흩어져 독립운동을 하던 애국단체들이 중경에 옮긴 임시정부를 중심으로 통일된 군사활동을 펴 나가기 위해 조직하였다. 총사령관에 지청천, 참모장에 이범석을 임명하고 그 예하에 3개 지대를 두었다. 1941년 태평양전쟁이 발발하자 임시정부에서는 12월 9일 대일 선전포고를 하고 이듬해 좌의계열인 김원봉의 조산의용대를 광복군 제1지대로 편입하면서 숙원이던 군사통일을 이루게 되었다. 광복군은 한미 합동으로 국내 정진대를 편성하여 훈련을 마치고 국내 진공을 실행하기 직전 일제의 항복으로 해방을 맞이했다. 해방 후 그 일부는 귀국하고, 일부는 중국에 남아 일본군의 무장 해제와 재외동포의 보호임무를 수행하다가 1946년 5월 환국하였다.

大甸子嶺의 攻擊은 二千萬大韓人民을 爲
하여 원수를 갚는 것이다 총알 한개 한개
가 우리 祖上의 수천 수만의 英魂이 保
枯하여주는 피의 使者이니 諸君은 檀君의
아들로 굳세게 용감히 모든것을 희생하고
萬代 자손을 위하여 최후까지 싸우라
1933年 中國大甸子嶺 戰鬪에 앞서서

지청천(池青天 : 1888~1959)

호는 백산(白山). 일명 이청천. 서울에서 태어나 일본 육군사관학교를 졸업. 보병
중위로 있다가 1919년 3·1운동을 계기로 만주로 망명, 신흥무관학교 교관, 1920년
서로군정서 교관이 되어 독립군 간부를 양성했다. 1920년 가을, 일제가 소위 재만
독립군 대토벌 작전을 전개하자 홍범도의 대한독립군과 연합하여 청산리전투를
치르고, 일본군의 대대적인 보복을 피해 150명의 병력을 이끌고 안도현 밀산으로
이동, 이곳에서 독립운동 단체들과 통합한 대한독립군단을 조직하고 여단장에 취
임했다. 1922년 흑하사변으로 자유시에서 러시아 혁명군의 포로가 되었으나 석방되어
만주로 건너와 1925년 정의부를 조직하여 군사위원장 겸 사령장이 되었다. 1930년
한국독립당 군사위원장, 한국독립군 총사령관이 되었고, 1932년 동아혈성동맹의
간부로서 각지의 항일단체 규합에 힘썼으며, 1933년 낙양군관학교 한인반 총책, 1939
년 임시정부 의정원 의원 및 국무의원, 1940년 임시정부의 광복군 총사령이 되었다.
1945년 한미합작으로 국내 진입 작전을 준비하던 중 일본이 항복했다. 1946년에
환국하여 대동청년단장, 제헌 및 2대 의원으로 활동하다가 70세를 일기로 별세했다.

苟存猶今
志在報國

배는 산산조각이 나고 몸은 갈기갈기 찢어지는 한이 있더라도 나의 혼과 정열은 한방울의 피 한점의 살이라도 내 사랑하는 조국 땅에 뿌려주고 던져 줄 것을 나는 확신한다

일본이 항복하기 직전·서해안 상륙작전을 계획하며

이범석(李範奭 : 1900~1972)

　호는 철기(鐵驥). 서울에서 태어나 1915년 경성고등보통학교 재학 중 중국으로 망명하여 1919년 운남 육군강무학교 기병과를 졸업한 후 신흥무관학교 교관으로 취임하여 독립군을 양성하였다. 1920년 북로군정서 사관연성소 교관으로 부임하여 그 해 10월의 청산리전투에서 제2제대를 이끌고 큰 공을 세웠다. 1922년 소련 합동민족군 연해주지구 지휘관으로 소련 혁명전에 참가하였고, 이듬해 만주 연길현에서 고려혁명군을 조직하였다. 1933년 중국 낙양군관학교 한인훈련대장, 1940년 중국 중앙훈련단 중대장이 되었고 이듬해 한국 광복군 참모장이 되어 광복군을 지휘하였다. 1945년 광복이 되자 귀국하여 이듬해 조선민족청년단을 창설, 단장이 되었고 정부 수립 후 초대 국무총리에 기용되었으며 국방장관을 겸임했다. 그 후 주중대사, 자유당 부당수, 내무부장관을 역임하고 1972년 72세를 일기로 별세했다.

압록강 행진곡

박영만 작사
한유한 작곡

우 리 는 한 국 독 립 – 군   조 국 을 찾 는 용 사 로 다
우 리 는 한 국 광 복 – 군   악 마 의 원 수 처 물 리 자

나 가! 나 가! 압 록 강 건 너 백 두 산 넘 어 가 자

진   주 우 리 나 라   지   옥 이 되 어
둥   잔 밑 에 우 는   형   제 가 있 다

모   두 도 탄 에 서   헤   매 고 있 다
원   수 한 테 밟 힌 꽃   포   기 있 다

동   포 는   기 다 린 다 –

어   서 가 자 고 향 에

어   서 가 자 조 국   에

우 리 는 한 국 광 복 – 군   조 국 을 찾 는 용 사 로 다

나 가! 나 가! 압 록 강 건 너 백 두 산 넘 어 가 자 –

❍ 1940년대 광복군의 대표적인 노래. 도탄에서 헤매이는 동포를 구하기 위해 조국을 찾자는
결의를 드높이는 행진곡.

광복군 제 2 지대가

이해평 작사
한유한 작곡

총 어깨메고 피 가슴에펴 다

우 리 는 큰 뜻 품 은 한 국 의

혁 명 청 년 들 — 민 족 의 자 ─ 유를

쟁 취 하 려 고 원 수 왜 놈 때려 부 쉬 려

회 생 적 결 ─ 심 을 굳 게 먹 은 한 국

광 복 군 제 이 지 대 앞 으로 끝 까지전

진 앞 으로 끝 까지전 진 조 국 독 립 을 위

하 여 우 리 민 족 의 해 방 을 위 해 ─

◎ 광복군 제 2 지대는 이범석 장군 지휘하에 본부를 섬서성 서안(옛 장안)에 두고 중·영·미
연합군과의 합동 작전과 지하 공작을 전개하면서 본토 상륙 작전을 위한 OSS 특수 훈련을
실시한 정예 부대임.

최후의 결전

윤세위 작사

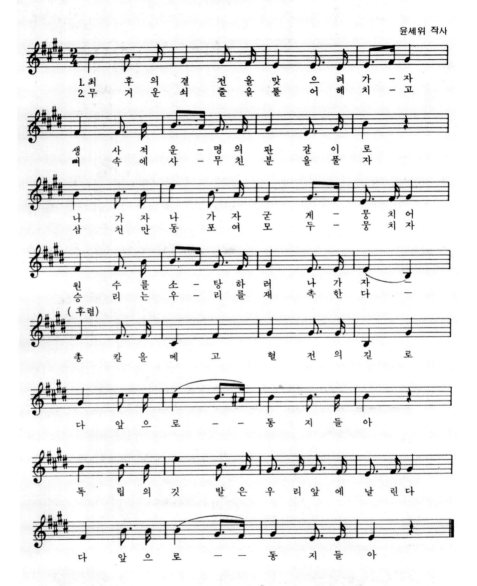

1. 최 후의 결 전을 맞 으려 가 - 자
2. 무 거운 쇠 줄을 풀 어헤 치 - 고

생 사 적 운 - 명의 판 갈 이 로
뼈 속에 사 - 무친 분 을 풀 자

나 가 자 나 가 자 굳 게 - 뭉 치 어
삼 천 만 동 포여 모 두 - 뭉 치 자

원 수를 소 - 탕하 려 나 가 자 -
승 리는 우 - 리를 재 촉 한 다 -

(후렴)
총 칼을 메 고 혈 전의 길 로

다 앞으 로 - - 동 지 들 아

독 립의 깃 발은 우 리앞 에 날 린다

다 앞으 로 - - 동 지 들 아

◎ 1920년대 남북만주와 노령의 독립군 진영에서 왜적과의 결전을 다짐하면서 불려진 노래.
현재 북괴는 자신들의 군가인것 처럼 부르고 있음.

승기가
(昇旗歌)

이범석 작사
한유한 작곡

조국강산	멀 리	떠 난 태 극 기
血 染 錦 繡	江 山	故 國 三 千 里

우 리 피 땀	흘 려	정 성 을 바 쳐
健 兒 忍 飢	耐 渴	驅 敵 出 邊 彊

조 국 광 복	시 켜	원 수 몰 아 내
雪 辱 民 族	深 仇	回 復 我 自 由

백 두 산 산 봉	에	펄 펄 날 리 자
國 旗 應 風 展	招	飛 揚 白 頭 山

◎ 1940년대 광복군에서 국기 게양시 부른 노래. 국기를 우러러 조국 광복을 맹세했다.

《独立志士 語録》 ─海公 申翼熙─

여러분의 장거는 우리 민족이 오랜 일본의 학정 아래에서도 이에 굴하지 않고 독립을 쟁취할 수 있다는 굳건한 신념과 용기를 실증해 준 것이며, 머지 않아 일제가 패망하고 우리의 조국이 독립될 것임을 보여준 것입니다. 앞으로 여러분은 이 신성한 독립전쟁을 수행함에 있어서 선봉이 되어줄 것을 믿어마지 않습니다.

※ 1914年 東京留學生 團体인 朝鮮留學生學友會 會長. 1919年 上海臨時政府 內務次長, 內務總長, 國務院秘書長, 外務·文教·內務部長 歷任. 이 語録은 韓光班 出身 50名이 1945年 1月 重慶에 到着한 뒤 그 歡迎席上에서 행한 환영사의 한 귀절. (1894~1962)

선봉대가
(先鋒隊歌)

이두산 작사·작곡

백두산이 높이 솟아 길이 지키고
동해물과 황해수 둘러 있는 곳
생존 자유 얻기 위한 삼천만
장하고도 씩씩한 피 뛰고 있도다
한 깃발 아래 힘 있게 뭉쳐 용감히 나가
악마 같은 우리 원수 쳐물리치자
우리들은 삼천만의 대중 앞에서
힘차게 걷고 있는 선봉대다 —

◎ 1938년 이두산이 임시정부를 따라 중경으로 이동중 한구(漢口)에서 지은 광복군의 대표적인 노래. 선봉대로서 용감히 전진하자는 군가.

기전사가
(祈戰死歌)

이범석 작사 작곡

```
1. 하늘은 미워한다 배달족의    자유를 억탈하는
2. 백두산의 찬바람은 불어거칠고  압록강 얼음위에
3. 물어보자 동포들아 내죄뿐이냐  네죄도 있을지니
```

```
왜적적들을    삼천리강산에    열혈이끓어
은월이밝아    고국에전해오는   피비린냄새
함께싸우자    하나님저희들은   굽히지않고
```

```
분연히일어나는 우리독립군
분하고원통하다 우리동족들      맹세코싸우고
천만대후-손의 자유를위해
```

```
또싸우리니    성결한전-사를 하게하소서
```

◎ 1920년대 독립군의 노래. 청산리 전쟁을 앞두고 결사적 투쟁을 다짐한 노래.

흘러가는 저 구름

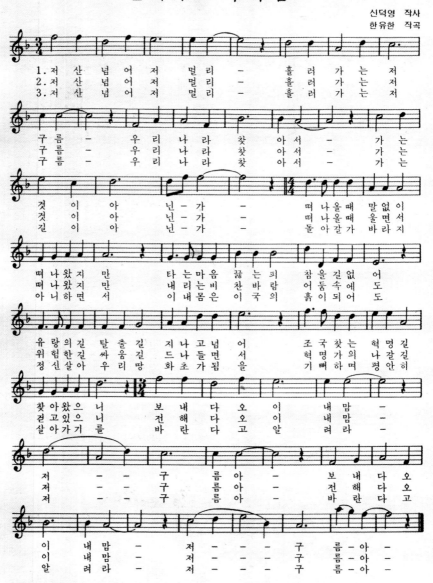

신덕영 작사
한유한 작곡

1. 저 산 넘어 저 멀리 — 흘러 가는 저 구름 — 우리 나라 찾아서 — 가는 것이 아 닌 가 — 떠 나 올 때 말 없 이 떠 나 왔 지 만 타 는 마 음 끓 는 피 참 을 길 없 어 유 랑 의 길 탈 출 길 지 나 고 넘 어 조 국 찾 는 혁 명 길 찾 아 왔 으 니 보 내 다 오 이 이 내 맘 — 저 — — — 구 름 아 — 보 내 다 오 이 이 내 맘 — 저 — — — 구 름 아 —

2. 저 산 넘어 저 멀리 — 흘러 가는 저 구름 — 우리 나라 찾아서 — 가는 것이 아 닌 가 — 떠 나 올 때 울 면 서 떠 나 왔 지 만 내 리 는 비 찬 바 람 어 둠 속 에 도 위 험 한 길 싸 움 길 드 나 들 면 서 혁 명 가 의 나 갈 길 걷 고 있 으 니 전 해 다 오 이 이 내 맘 — 저 — — — 구 름 아 — 전 해 다 오 이 이 내 맘 — 저 — — — 구 름 아 —

3. 저 산 넘어 저 멀리 흘러 가는 저 구름 — 우리 나라 찾아서 — 가는 길이 아 닌 가 — 돌 아 갈 가 바 라 지 아 니 하 면 서 이 내 몸 은 이 국 의 흙 이 되 어 도 정 신 살 아 우 리 땅 화 초 가 됨 을 기 뻐 하 며 평 안 히 살 아 가 기 를 바 란 다 고 알 려 라 저 — — — 구 름 아 — 바 란 다 고 이 이 알 려 라 저 — — — 구 름 아 —

◎ 1940년대 조국 찾는 혁명 길은 이국 땅에서 흙이 되어도 정신만은 조국 땅에 꽃이 되리라는 광복군의 노래.

용 진 가

1. 요 동 만 주 넓 은 들 을 쳐 서 파 하 고 여 진 국 을 토 멸 하 고 개 국 하 옵 신
2. 한 산 도 의 왜 一 적 을 쳐 서 파 하 고 청 천 강 수 수 병 백 만 몰 살 하 옵 신

동 명 왕 과 이 지 란 의 용 진 법 대 로 우 리 들 도 그 와 같 이 원 수 쳐 보 세
이 순 신 과 을 지 공 의 용 진 법 대 로 우 리 들 도 그 와 같 이 원 수 쳐 보 세

(후렴)
나 가 세 전 쟁 장 으 로 나 가 세 전 쟁 장 으 로 검 수 도 산 무 릅 쓰 고 나 아 갈 때 에

독 립 군 아 용 감 력 을 더 욱 분 발 해 삼 천 만 번 죽 더 라 도 나 아 갑 시 다

3. 배를 갈라   만국회에   피를 뿌리고
   육혈포로   만군중에   원수 쏴 죽인
   이준공과   안중근의   용진법대로
   우리들도   그와같이   원수쳐 보세

4. 창검빛은   번개같이   번쩍거리고
   대포알은   우뢰같이   퉁탕거릴제
   우리군대   사격돌격   앞만 향하면
   원수머리   낙엽같이   떨어지리라

5. 횡빈대판   무찌르고   동경 드리쳐
   동에갔다   서에번득   모두 한칼로
   국권을   회복하는   우리 독립군
   승전고와   만세소리   천지 진동해

◎ 1910년대 독립군의 대표적인 노래 선열들의 전공을 본받아 원수를

楚雖三戶可亡秦
終見檀民還故土

一九四〇年九月十七日

於重慶嘉陵賓館光復軍司令部

韓國光復軍創立紀念日

祝賀 文遷摘錄

韓國光復軍第二支隊戰友

晚翠 李起源

不 屈 의 民 族 魂

1994 年 3 月   日 印刷
1994 年 3 月   日 發行

發   行：韓國光復軍 第二支隊
　　　　　戰友長安會
主   幹：李 德 山
監   修：盧福善, 安椿生, 李在賢
編輯委員：閔泳秀, 李允章, 張 鐵, 崔相峋
印   刷：한울인쇄사 (대전시 동구 정동 36-1)
　　　　　☎ (042) 257-0979

※ 複製不許   "非賣品"

海平 이재현

1917년 2월 2일 출생(경기도 시흥군 동면)
1919   부친 이용환과 상해 망명
1929   상해 인성학교 졸업
1931   형 이재천과 화랑사 조직
1932   상해소년동맹으로 개편
1938   한국광복진선청년공작대
1939   한국청년전지공작대 조직(선전조장)
1941   한국광복군 제5지대 공작대장
1942   한국광복군 제2지대 공작대장
1945   한국광복군 국내정진군 OSS 교관
1946   한국광복군 북평판사처 사령관
1946   군정청 3등 영사
            만주 한국 동포 송환 파견
1952   서해 JACK 부대 대장
1963   대한민국 건국공로훈장 독립장 수훈
1990   한국광복군동지회 6대 회장
            한국광복군 제2지대 장안회 회장
            한국에스페란토학회 부회장
            세계 에스페란토 명예 위원
1997.2.24.   영면하시다
            서울 현충원 애국지사 묘역